Mon Yo.

Noël 2008

Laurent Gerra flingue la télé

Dans la même collection :

Chevallier & Laspalès
LA RENTRÉE DES SKETCHES... et quelques classiques.

Élie Semoun
KÉVINA, MIKELINE, TOUFIK ET LES AUTRES – Élie Semoun à l'Olympia

Franck Dubosc
J'VOUS AI PAS RACONTÉ

À Georges Lautner

Textes écrits avec la collaboration de Jean-Jacques Peroni

Une marque de La Martinière groupe
www.lamartinieregroupe.com
ISBN : 978-2-35425-115-4
Retrouvez nos publications sur www.fetjaine.com

LAURENT GERRA

Laurent Gerra flingue la télé

Les indispensables de L'OLYMPIA BRUNO COQUATRIX

Fetjaine

SOMMAIRE

Télé, tu t'laisses aller – Charles Aznavour 9
Le mariage de Charles et Camilla – Léon Zitrone 12
Ring-Parade – Guy Lux 19
La télé qui est con – Michel Polnareff 21
La télé-réalité de Giscard 22
Rétrospective 25
L'élection de François Mitterrand – Jack Lang 31
Le Petit Théâtre de Bouvard – Chevallier et Laspalès 38
Jeux télévisés Questions pour un champion –
Julien Lepers 41
Qui veut passer pour un con ? – Jean-Pierre Foucault 47
Les Victoires de la musique 51
L'heure de vérité – Jean-Marie Le Pen 57
Le télécon – Gérard Holtz et Patrick Bruel 60
Les vœux des présidents – Jacques Chirac
et Nicolas Sarkozy 66
Télé vulgaire : la dérive 75
Les envahisseurs – Marc-Olivier Fogiel, Thierry Ardisson
et Laurent Ruquier 78
Renaud : « Mister Miller » 92
Le Doigt dans le cul – Patrick Sébastien 94
La semaine télé 98
L'indétrônable Johnny 106

PRÉFACE

D'accord, la télévision est un formidable instrument de savoir. Mais c'est aussi une source inépuisable de connerie... et du coup d'inspiration.
Tout passe par là, par le petit écran : la politique, la chanson, le sport, le cinéma, les débats de société, le pire – souvent – et le meilleur – parfois.
Il apparaissait comme une évidence d'en faire le fil conducteur de ce spectacle que j'ai joué à travers la France, à L'Olympia mais aussi au Palais des sports et à Marigny, pendant plus de deux ans... Deux ans à brocarder la lucarne, à pester contre le poste, à te la viser, la télévision, et à la flinguer allègrement, avec le plaisir, la mauvaise foi et le goût pour les bêtises qui nous anime, Jean-Jacques Peroni et moi.
Parfois, elle allait plus vite que nous dans la bêtise. Il fallut souvent s'adapter et réadapter le spectacle, mais comme elle ne cessait jamais de nous fournir de la matière première, on s'est bien amusés... Et on a bien flingué.
Voilà notre tableau de chasse.

Laurent Gerra

(Voix de speakerine.)

Madame, Mademoiselle, Monsieur, bonsoir,

Dans quelques instants, nos programmes vont débuter.

Installez-vous confortablement, éteignez votre téléphone portable.

Nous vous rappelons qu'il est interdit de filmer, de prendre des photos avec ou sans flash ou avec portable, afin de ne pas perturber le bon déroulement de nos émissions.

En revanche, vous pouvez péter ou vous gratter les couilles, comme à la maison.

Merci de votre compréhension.

Nous vous souhaitons une excellente soirée en compagnie d'animateurs, de chanteurs, de comédiens, d'hommes politiques... Une soirée variée avec tous ceux qui nous font chier.

Merci de votre attention.

Télé, tu t'laisses aller

Charles Aznavour

(Voix de Pierre Bellemare.)

Bonsoir chers amis.

Dans le cadre des *Histoires extraordinaires de Pierre Bellemare*, je vous propose aujourd'hui *Histoire de la télévision*.

La télévision, cette lucarne qui a fasciné des millions et des millions de téléspectateurs, de ses origines jusqu'à notre époque.

Époque d'une télévision qui a tendance à se laisser aller...

(Voix de Charles Aznavour sur Tu t'laisses aller.*)*

C'est drôle, c'que t'es drôle à r'garder,

J'suis devant toi avec ma zapette
Et moi j'ai envie d't'exploser
C'est l'alcool qui monte à la tête.
Tout l'alcool que j'ai pris ce soir
Afin d'y puiser le courage
De t'avouer que j'en ai marre
De toi et de tes commérages,
De tout ce fichu racolage
Qu'on se farcit matin et soir.

J'en ai assez, faut bien qu'j'te l'dise,
Tu m'exaspères, tu m'tyrannises,
Je subis tes programmes de merde,
C'est fou le temps que tu m'fais perdre.
Oui, tu exagères, tu l'sais maint'nant,
J'ai même plus envie de payer
Ma redevance une fois par an (de toute façon, c'est prélevé, alors...).
Tu t'laisser aller,
Tu t'laisses aller.

Ah, t'es belle à r'garder,
Avec ton Nikos Ayagas,
Ta Ferme des célébrités
Bataille et Fontaine qui m'agacent.
Je m'demande chaque jour,
Comment ces conneries peuvent bien plaire,
La Star Ac' *et toute sa cour,*
Cour des miracles, crétins mais fiers.

HOCHSTLAST 250 Kg

Très bonne Année
2003 !!!

"GRAND ARC" plâtre original 2002

Nicolas LAVARENNE - 24 route de Genève. 74910 SEYSSEL. FRANCE - Tél. + Fax 33 (0)4 50 56 28 66

La météo et leurs mémères,
Qu'ont rien pour inspirer l'amour (Évelyne Dheliat, ça commence à faire...).

Quant au niveau, quelle catastrophe,
*On regrette le temps d'*Apostrophes*,*
Si c'est pour m'farcir Dechavanne,
J'préfère encore aller au bagne.
Ah, j'ai décroché l'gros lot,
Même à Canal, j'suis abonné (c'est dire si j'en vois, des conneries !),
Si tu t'taisais ce s'rait trop beau,
Mais non, tu t'laisses aller,
Tu t'laisses aller...

Tiens, c'est tout ce que ça mérite.

(D'un coup de zapette, la télé explose.)

Le mariage de Charles et Camilla

Avec Léon Zitrone

Les années 50 marquent les premiers pas de la télévision. En 1953, l'un de ses pionniers, Léon Zitrone, commente le couronnement de la reine d'Angleterre.

Imaginons-le, plus de cinquante ans plus tard, commentant le mariage de Charles et de Camilla...

(Musique de l'ORTF.)

Un-deux, un-deux test... Un-deux test... Un-deux...

Ah, on est en direct !

Mesdames, Mesdemoiselles, Messieurs, nous sommes en direct de la petite chapelle Saint-George du château de Windsor, afin d'assister au mariage de Charles et Camilla en l'absence remarquée de la reine Élisabeth II qui, je vous le rappelle, fait en euros Élisabeth zéro virgule trente.

La reine d'Angleterre qui vient juste de rendre une ultime visite à son grand fils Charles afin de lui expliquer que ce n'est pas bien de marier une vieille comme lady Camilla, ce à quoi Charles répond du tac au tac : « Fuck you, mother » ce qui, je vous le traduis, veut dire « sauf le respect que je vous dois, mêlez-vous s'il vous plaît de ce qui vous regarde, maman ! ».

Et maintenant, chers téléspectateurs, chères téléspectatrices, nous allons assister en direct devant les caméras de l'ORTF à la grande saillie princière... Grande saillie princière durant laquelle lady Camilla Parker Ball, nuisette rouge toque noire, porte-jarretelles violet, fibrome proéminent et touffe épilée de frais, va se donner à son Altesse royale le prince Charles d'Angleterre, futur héritier de la couronne. Le prince Charles d'Angleterre : string panthère er préservatif à tête de Mickey assorti aux oreilles.

L'archevêque de Canterbury – chasuble carmin, porte-jarretelles mauve, goupillon à la main – vient tout juste, comme vous pouvez le voir à l'écran, de donner le départ.

(Orgues.)

Alors qu'à l'extérieur les caméras d'Alexandre Tarta nous montrent le carrosse agité de soubresauts...

Apparemment c'est celui de Charles et de Camilla, puisqu'on peut y apercevoir malgré la buée une paire de jambes gainées de bas résille largement écartées avec des grandes oreilles au milieu. Les chevaux piaffent et donnent la cadence ! C'est Charles qui exé-

cute une minette royale à Camilla l'insatiable. Le prince en hommage à Tom Jones entonne en guise de préliminaire *What's New Pussicat ? What's New Pussicat !* « Quoi de neuf petite chatte ? »

Lady Camilla s'ouvre comme une orchidée à la saison des pluies ! Le prince Charles, slip rabattu, fixe-chaussettes noir, testicules décollés comme ses oreilles, entame une impeccable « feuille de rose » afin de lubrifier de sa salive princière la boîte à ouvrage de Camilla. Celle-ci exécute une magnifique volte-face, ce qui permet à Charles de faire un remarquable aller-retour sur le soissonet rose...

Les choses s'emballent ! Il semble que lady Camilla réclame quelque chose : je crois entendre : « A sixty nine ! a sixty nine ! »

... en français un 69, vu que par souci protocolaire les deux doivent être heureux,

et c'est un très beau double coup de langue sur la grosse veine bleue !

... fameuse turlutte royale, tradition séculaire chez les Windsor que de se faire souffler dans le poireau pour faire bouger les oreilles...

Lady Camilla n'en peut plus, elle clame haut et fort : « Put it in ! Put it in ! »... « Mets-la-moi ! Mets-la-moi ! »

Mais c'est Charles qui dirige les opérations, après tout c'est lui l'héritier du trône... D'ailleurs, tout le monde se recueille à présent, et je vous invite à faire de même. C'est en effet le moment tant attendu de... la pénétration.

Ça y est, le prince Charles retourne la bougresse comme un pancake et la gratifie d'un majestueux médius dans l'œil de bronze. Rouge comme une pivoine, l'œil lubrique, il lui promet : « I'll take you without vaseline ! » Lady Camilla va prendre du rond comme une reine. Mais apparemment il y a un problème. Ça ne rentre pas. Lady Camilla est sans doute trop sèche, puisqu'elle crie : « Give me the butter ! Give me the butter ! Mais non pas le beurre salé, grand con, ça irrite ! »

Pendant ce temps l'archevêque de Canterbury agite son goupillon, le prince Harry fume un pétard et chique une bière – le prince, je vous le rappelle, a hérité des clés de la cave de Queen Mum.

La reine d'Angleterre inspirée par tout le tableau a maintenant les glandes qui réclament, elle demande au prince consort de la sortir : « Take my Turkey ! Take my Turkey ! », « Prends-moi l'dindon ! » Son chapeau vient de valser, il est en train de lui défriser le brushing !

La reine couine !

La queen couine !

Alors que le prince William, venu du diable vauvert de derrière une colonne de la salle du trône est en train de se palucher devant un poster de Britney Spears, de son côté le prince Charles se relève, la truffe encore humide, et remet d'aplomb sa casquette d'officier de la Royale, ainsi que le string de Camilla dans l'axe de la raie.

Le cortège s'ébranle, moi aussi.

Je vous rends l'antenne avant qu'ils m'envoient la gelée royale.

À vous Cognacq-Jay, à vous les studios !

La télé qui est con

(Inédit)

Michel Polnareff

(Musique de La Poupée qui fait non.*)*

C'est une télé...
Qui est con, con, con-con-con, con
Toute la journée
Y a qu'des cons, cons, con-con-cons, cons
Elle a tant d'abrutis
Que j'en rêve la nuit

C'est une télé de pognon, gnon, gnon-gnon-gnon, gnon
Faut bien les payer
Tous ces cons, cons, con-con-cons, cons
Les merdes de Castaldi
La Star Academy

Pour la qualité...
Ça c'est non, non, non-non-non, non
J'veux plus la regarder
C'est trop con, con-con-con, con

Pourtant, longtemps je suis parti
Vivre aux États-Unis
Pour pas voir ces conneries
Car c'est une télé qui est con, con-con-con, con
Je suis atterré
Je dis non, non, non-non-non, non.

(Noir.)

La télé-réalité de Giscard

Nous sommes en 1974. Grande soirée électorale. Un jeune accordéoniste auvergnat devient le locataire de l'Élysée...

(Musique d'accordéon – Voix de Giscard qui chantonne.)

On l'appelait le dénicheur

Il était rusé comme une fouine

Pounananannananna.

Eh oui c'est moi ! Depuis 1974 – je suis arrivé en même temps que la couleur –, on m'a mis régulièrement dans la lucarne, vous savez, bon... *(Il grommelle.)* Vous avez la couleur, le président de la République... C'est intéressant, Giscard en couleur...

Sans vouloir me pousser du col, je suis modestement le précurseur, n'ayons pas peur des mots, l'inventeur... de la reality-tivi.

Souvenez-vous, c'est tout de même moi qui ai eu le premier l'idée, n'est-ce pas, d'installer des caméras de télévision toutes les Saint-Sylvestre, chez moi devant ma cheminée et avec ma bonne femme...

Plus tard, je renouvelle l'expérience en me faisant filmer avec des éboueurs.

En 1981, victimes de mon invention, les téléspectateurs ont tapé « 2 » et j'ai été viré de la ferme !

(Il grommelle.) Et depuis je continue à donner mon avis, même si on ne me le demande pas. N'est-ce pas, par exemple récemment, c'est moi qui ai créé la Conchtituchion pour l'Europe... Oui, c'est moi, la Conchtituchion, c'est moi qui ai fait la Conchtituchion pour l'Europe... La Conchtituchion... C'est important, l'Europe... C'est moi qui l'ai créée, la Conchtituchion, pour l'Europe. La Conchtituchion, vous l'avez lue ?

Mon cul, oui !

Alors à quoi ça sert que Giscard il se décarcasse à faire une Conchtituchion pour l'Europe ?

Non, mais je ne suis pas du genre à me laisser abattre, je suis devenu concepteur. Concepteur, dans le sens où je crée des concepts.

Par exemple, mon entrée à l'Académie française m'a fait penser à une idée d'émission pour la télé-réalité : *Canicule*.

Le principe : un hospice en plein mois d'août. 45° à l'ombre. 40 grabataires. Une seule bouteille d'eau habilement dissimulée. Le premier petit vieux qui la trouve est sauvé !

Ça va marcher, ça !

Je vais le proposer à Aime chisse. M Chisse... M6...

Monastère et couvent story !

Le principe : 12 moines, 12 bonnes sœurs, un dortoir unique. L'épreuve la plus spectaculaire, les sœurs font la tonsure aux moines pendant qu'eux leur font le maillot avec les dents... Voila qui devrait plaire à l'abbé Pierre.

Islam factor !.... Inspiré d'un jeu danois. Je propose simplement trois barbus devant trois sandwichs... Un au poulet, un au mouton, un au saucisson pur porc ! Celui qui prend celui au saucisson a la main coupée au sabre, direct ! On peut appeler ça aussi « prophète à Neu-Neu »...

Lille de la répulsion ! Ça se passe dans le Nord, à Lille. Le gagnant est celui qui arrive à se taper Martine Aubry ! Et tout ça en moins de 35 heures !

C'est toute la performance, voyez !

Alors j'attends les coups de fil des grands patrons de chaînes. Quitte à diffuser de la merde, autant que ça soit la mienne... Néanmoins tous ces brillants projets doivent avoir l'aval, je sais, ça je sais, du Chéechecha. Le Ché-Eche-A... Vous savez, le Conseil supérieur de l'audiovisuel cher au très paillard Dominique Baudis.

Car on ne peut pas, en France, faire de la promotion, de la publicité, pour quelqu'un, et ça c'est vrai, je le sais, on ne peut pas faire de la promotion pour quelqu'un s'il n'est pas physiquement présent sur le plateau.

Et pourtant, ça fait quand même plus de 40 ans que la télévision d'État nous beurre la raie avec une émission qui s'appelle le *Jour du Seigneur* !

Où on fait la promotion d'un type qu'on n'a jamais vu sur le plateau !

Alors si vous le voulez bien, installons-nous confortablement... dans ces petits fauteuils, prenons notre zapinette et égrenons ensemble ces trente dernières années de télévision. Zapouillons, zou !

(Noir.)

Rétrospective

Parmi les émissions-phares de la télévision, souvenons-nous du très dynamique *Jour du Seigneur*...

(Voix de curé.)

Aujourd'hui, la messe du *Jour du Seigneur* est diffusée en direct de la petite chapelle Sainte-Marie de Mobylette...

Nous retrouvons le sermon du révérend père Dupanloup.

Eh bien en ce quatrième dimanche après l'Ascension et le cinquième avant l'épisiotomie de sœur Louise, j'aimerais que nous évoquions la parabole de Jésus...

(Il chante.)

La pa-ra-booole de Jéééésus... Celle qu'il a sur son balcon et qui lui permet de voir cinq chaînes de sport, onze de cinéma et XXL. Ensuite, après l'Évangile selon saint Maclou, saint apôtre poseur de moquette, retrouvons *Présence protestante*, avec votre Jospin quotidien. Aaamen l'oseille !

Chaque dimanche, nous retrouvions l'incontournable Jacques Martin...

Merci ! Merci d'avoir choisi Antenne 2 et de passer la première partie de ce *Dimanche Martin* en notre compagnie. Nous avons reçu, en l'honneur du nouveau pape Benoît XVI, une chorale. La chorale allemande des petits chanteurs à la croix de fer, sous la direction de Wolfgang de Toilette... Et nous nous retrouvons pour notre rendez-vous dominical de l'*École des fans*...

(Musique.)

Bonjour, tu es grande... Comment tu t'appelles ? Vanessa ! Vanessa comment ? Vanessa Paradis ! Et qu'est-ce que tu veux faire plus tard ? Chanteuse ! Eh ben on n'est pas dans la merde !

Dans les années 80-90, c'était Patrick Sabatier...

Ha, ha, ha, non, c'est sympa hein ! Bienvenue dans *Avis de recherche*. Nous recherchons des camarades d'école de Mgr Lustiger à l'école privée Sainte-Marie-Joseph de la Pénétration.

Bonjour madame, messieurs et mesdames bonjour, c'est sympa... Bonjour, comment vous vous appelez ? Jérôme ! C'est sympa... Alors vous vous êtes reconnu sur la photo ? Vous êtes quel numéro ? Le 69 ? C'est sympa ! Ha, ha ! Vous venez vendredi ? C'est sympa ! Et vendredi prochain rendez-vous aussi avec *Atout cœur* pour vous offrir... Un tracteur ! Hiah haaa !

N'oublions pas les feuilletons avec Jean Richard, dans Maigret...

Bonsoir, chère madame, aaaah ! arrêtez vos sarcasmes... Allô ? Lucas ? Avant de filer à Pigalle, fais-nous monter de la bière et des sandwichs... J'espère que l'interrogatoire s'ra pas trop long, car ce soir, mame Maigret m'a préparé un gratin. Et après... elle doit me bourrer la pipe.

Des séries plus musclées, comme *Starsky et Hutch*...

Allô ?, allô ?, allô ?, ici Zebra Trois appelle capitaine Dobey. Allô ?, Allô ?, chef vénéré ? C'est Starsky... Nous sommes à la poursuite de deux malfrats. Oh, Hutch ! Hutch !

Ben qu'est-ce qu'y a ?

On aperçoit les personnes, c'est Danny Wilde et Brett Sinclair !

(Voix de Danny Wilde.)

– Oh, mais tiens voilà Sa Majesté ! Ho, ho, mais quelle magnificence ! Mais tu t'es fait tout beau, Ton Altesse !

(Voix de Brett Sinclair.)

– Daniel, Daniel, sache pour ta gouverne que ce costume, que je tiens de mon arrière-grand-oncle paternel, a été réalisé en véritable poils de queue de lama...

– Ooooh, c'est très élégant dis donc. Si tu trouves un petit lama nain, tue-le et fais toi faire un petit sac ! Bon assez parlé chiffons, lord décadent, le juge Fulton nous attend... Bon, maintenant dis au revoir... au revoir, au revoir, bonjour monsieur, bonjour madame... viens, Ta Majesté, viens, Ton Altesse, bonjour, madame, viens, viens, Ton Altesse...

Depuis ses débuts, la télé parle cuisine. Plus récemment avec Jean-Pierre Coffe...

C'est pas de la merde ! Alors aujourd'hui, on va cuisiner simplement, comme au presbytère, avec tous les ingrédients qu'on va trouver dans l'église...

(Il montre un saucisson.)

En entrée, un jésus, un bon jésus, si vous n'en trouvez pas un de Lyon, prenez-en un de Nazareth, ils est aussi accroché au clou...

Pour poursuivre, une recette très simple, mesdames, sandwich à l'hostie... Une tranche d'hostie entre deux tranches d'hostie, c'est un peu sec, j'en conviens...

Pour mouiller la meule, en hommage au charpentier, un Saint-Joseph, évidemment, *(il montre un verre de vin)* vieilli en fût de chêne, ça va de soi, et au moment de Pâques, n'oubliez pas, faites-vous bien tripoter les œufs, nom de Dieu !

N'oublions pas non plus *La Dernière Séance*, animée par Eddy Mitchell...

Alors il faut savoir qu'en 1956, la MGM, la Metro Golwin Mayer, comptait parmi ses stars du western Randolph Scott, Randolph Scott, l'immense Randolph Scott, mais aussi Richard Widmark dans *La Dernière Caravane* de Delmer Daves et bien évidemment Alan Ladd, Alan Ladd, l'inoubliable « Shane » dans le non moins célèbre *L'homme des vallées perdues* de George Stevens.

Alan Ladd dont les mauvaises langues disaient à Hollywood qu'il était tellement petit, qu'il était obligé de porter des talonnettes, eh oui ! Alors suite de votre soirée Spencer Tracy, juste après l'attraction avec Soir 3, avec *Un homme est passé* de John Sturges avec Robert Ryan, voila, c'était votre *Dernière Séance*...

(Musique de La Dernière Séance.*)*

La lumière revient déjà
Et le film est terminé
Je réveille mon voisin
Il dort comme un nouveau-né
Je relève mon strapontin
J'ai une envie de bâiller
C'était la dernière séquence
C'était la dernière séance
Et le rideau sur
L'écran est tombé

La photo sur le mot fin
Peut faire sourire ou pleurer
Quand c'est « Amélie Poulain »
On est plutôt soulagés
Ces films pleins de bavardages
Nouveau cinéma branché
Y a pas de quoi se mettre en transe
Moi, c'est ma dernière séance
Non, je n'irai plus jamais au ciné.

Ouais, si c'est pour voir des conneries autant rester chez soi... Y a même des westerns avec des pédés, alors... Tiens, *Rio Bravo*. Ah, ça c'est un western, *Rio Bravo* ! Avec Dean Martin... Dean Martin qu'on retrouvera dans *Bandolero*. *Bandolero*, d'Andrew McLaglen, vous l'avez vu ? Aaah, y avait aussi Raquel Welsh, pis James Stewart ! Aahhh, James Stewart dans *Les Affameurs* ! Ah, moi les westerns...

Mais, le cinéma, à la télévision, c'était aussi *Monsieur Cinéma*, présenté par Pierre Tchernia...

Eh bien Mesdames, Mesdemoiselles, Messieurs, pour gagner aujourd'hui à *Monsieur Cinéma*, il fallait découvrir un film de 1975, de Philippe de Broca, dialogues de Michel Audiard, *L'Incorrigible*, avec notre ami Jean-Paul Belmondo. Extrait :

Assez de sensiblerie, les affaires reprennent, je les entends, mieux, je les sens ! Dur, très dur : cinq heures d'avion, six heures de train, huit heures de chameau, j'arrive d'Addis-Abeba...

Durant ces trois mois j'ai longuement réfléchi. J'me suis dit : Victor, qu'as-tu fait de ta jeunesse ? Vers quelles chimères cours-tu ? ...À vouloir saisir l'insaisissable, ne risques-tu pas de perdre l'essentiel ? Jetteras-tu enfin l'ancre, vieux coureur de savane ? Alors va, chemineau, chemine le ventre creux !

Et pourtant Venise... Ah oui, ah, Venise... Le palais Gritti... Et ben, il coule le palais Gritti, comme notre amour ! À cause de lui... J'aurais dû l'abattre ! J'ai failli le faire, il y a de ça un an, jour pour jour... J'étais seul ce soir-là au Théâtre-Français, Hélène étant souffrante. Angoissé, je quitte la pièce, je rentre chez moi, je traverse le couloir, j'entends un cri, je me précipite... Et là devant moi, sur le tapis... Un persan, le tapis... Un couple ! Enchevêtré ! Ma femme, et un bellâtre... Je n'ai pas su pardonner... Vous comprendrez pourquoi je quitte l'Europe. Madame, j'ai été... charmé. Positivement charmé.

(Noir.)

L'élection de François Mitterrand

Avec Jack Lang

Nous sommes le 10 mai 1981, il est 20 heures. Sur la deuxième chaîne, Jean-Pierre Elkabbach annonce l'élection de François Mitterrand...

Et depuis, dans toutes les émissions, sur tous les plateaux de télévision, il y en a un qu'on voit toujours...

(Voix de Jack Lang.)

Bonjour, c'est Jack !

Il est vrai, depuis 1981, on ne voit que moi.

Y en a même qui pensent que je suis encore ministre de la Culture...

Faut dire que j'ai tout fait pour être dans les petits papiers de François Mitterrand... J'lui ai tellement léché le cul que j'en ai encore la langue râpeuse.

Je lui passais tous ses caprices : Opéra Bastille délabré, colonnes de Buren à la con, la Grande Arche, la Très Grande Bibliothèque... Qui contient tous les invendus de sa fille Mazarine... J'endossais la responsabilité pour me faire bien voir et pis après il me donnait un gros chèque pour que je puisse m'amuser...

Et je m'en donnais à cœur joie, Roberta ! Euh, cocktails onéreux, subventions aux rappeurs tarés, festivals à la mords-moi le nœud...

C'était chié, non ?

Alors que je déteste la marche, je troquais mon costume Thierry Mugler contre un survet' et des baskets et je m'invitais chaque Pentecôte à Solutré, afin de gravir le site avec le Charentais le plus illustre de son temps... C'est moi qui portais son sac à dos ! Nananèreu !

Nous marchions devant, je veillais bien à ce qu'aucun étron canin de son chien Baltique ne vienne s'incruster dans les crans des pataugas présidentielles...

Pour lui rappeler sa jeunesse, Pascal Sevran lui chantait « Maréchal, nous voilà » !

Roger Hanin, le sémillant pitre de Bab el-Oued, racontait une histoire cochonne, c'était beau et souvenons-nous, Roger...

(Voix de Roger Hanin.)

Et alors, président ! J'en ai une bien bonne pour vous, celle-ci elle va vous faire rire... Alors, c'est un type, il a une fille naturelle... Hein ? Ah, non, pas celle-ci, non... Pardon, madame Mitterrand, mais j'en ai d'autres, on en a plein d'autres chez les Bettoun !

Alors, c'est deux grands-mères, elles sont chez vous, dans votre fief, à Château-Chinon, elles sont en train de racler les patates avant de les éplucher... Y en a une qui dit à l'autre : « Tiens, celles-ci on dirait les couilles du Lucien.

– Elles sont aussi grosses ?

– Non, aussi sales ! »...

(Voix de Jack Lang.)

Comme vous pouvez le constater, tout était prétexte au rayonnement culturel et intellectuel du génie français, dont j'étais le modeste représentant avec des événements comme la Fête de la Musique, où chaque 21 juin, l'été est gâché par une minorité qui emmerde une majorité...

Et aussi la Techno Parade... Quelle grâce, quelle légèreté ! Avec la techno, on a trouvé encore plus con que le rap... Y a même plus de paroles !

L'autre fois j'y suis allé, y avait encore plus de chars musicaux, plus de musique faite à la presse hydraulique, plus de têtes de nœud, des gouines, des tarlouzes, des rollers, de l'ecstasy ! Y avait même François Hollande avec un justaucorps fluo... Tout le monde l'a pris pour Casimir !

Des idées comme celles-ci, j'en ai plein ma musette, Mauricette ! Car on susurre, et j'aime qu'on susurre à mon sujet, ça m'excite quand on susurre... On susurre que je pourrais être dans les prochains prétendants à la candidature pour la présidence de la République. Et c'est vrai qu'à gauche... je ne vois que moi.

Faisons un bref tour d'horizon : François Hollande, justement... Ce porcinet sudoripare qui a le charisme d'un beignet... Aucune chance ! Même au congrès du PS du Mans, il faisait ton sur ton avec la rillette...

Le plus inquiétant, c'est que c'est sa bonne femme qui veut y aller... Mais enfin bon, Ségolène Royal, c'est quand même Jeanne d'Arc version La Redoute !

On parle de-ci de-là de Bernard Kouchner, mais c'est quand même pas un VRP de la maison Taureau Ailé qui va me piquer ma place !

Bertrand Delanoë n'est pas crédible... On va quand même pas élire le maître nageur huilé de Paris-Plage ! Vous l'imaginez allant à l'ONU *(à l'eau nu)* sur son pédalo avec son string et son tube de Piz Buin !

Dominique Strauss-Kahn, bon, vous savez celui qui a épousé une ancienne speakerine, représentante en pull mohair sur TF1... Pas crédible.

Quant à Martine Aubry... Louis Aragon disait : « La femme est l'avenir de l'homme. » S'il avait vécu à notre époque, il aurait dit : « Sauf Martine Aubry ! »

Il paraît aussi que Lionel Jospin revient ! Ça veut dire que même au vide-greniers de l'île de Ré ils n'ont pas réussi à s'en débarrasser.

Modestement, je ne vois que moi... Car François Mitterrand est en moi...

(En aparté au public.) Vous rigolez, mais ça il l'a vraiment dit, hein... certaines fois on dit que j'en rajoute mais ça... c'est de lui.

Quel bel homme...

(Noir.)

On vous le disait : Jack Lang revient toujours. La preuve, deux ans plus tard :

Bonsoir, c'est Jack...

Je suis révulsé, ulcéré, enchifrené !

Rendez-vous compte, avec tout ce que j'ai fait pour notre sémillant président, je n'ai toujours rien ! Et pourtant j'en ai fait des sacrifices. J'ai été faire ma grosse commission et ça m'a bien fait chier avec Édouard Balladur, le pélican de Smyrne. C'était pas un gros effort, ça ?....

En plus, j'ai habilement défendu notre clinquant président, tout en faisant croire que j'étais encore de gauche... L'heure était à l'ouverture... Rien... Rien ! L'ingratitude la plus totale...

Pendant ce temps-là, tous les copains me passaient devant pour avoir une part du fromage... Le livreur de sacs de riz, l'arrogant Kouchner, hop, au Quai d'Orsay ! Il y est tellement à sa place qu'il nous ferait regretter le handicapé du bulbe Douste-Blazy.

Et Attali, le porte-coton du vieux tringleur de Solutré, qui s'est recyclé dans la prophétie... C'est devenu la Pythie de l'Élysée, et il est gourmand le bougre, car tout le monde le sait, la Pythie vient en mangeant...

En plus de ça, ça m'a couté la peau des couilles... Trois liftings en neuf mois... J'ai les cheveux qui me remontent tellement haut sur le front qu'on dirait Frankenstein qui s'évade du laboratoire. En plus j'avais demandé à Élisabeth Guigou de me donner le nom de son chirurgien, j'aurais mieux fait de m'abstenir... Vous l'avez vue, la vieille fée ?.... Un visage de 15 ans avec les mains de Jeanne Moreau !

Sans compter qu'au Parti socialiste on me bat froid, on m'ignore, on me snobe.

Bienvenue chez les Ch'tis : avec la mère Aubry c'est de la publicité mensongère !

Et l'arrogante des Charentes qui remet le couvert, qui veut être le chef elle aussi, que si elle avait été cheftaine chez les scouts, son totem aurait été Dingo du Poitou !

Et en plus Porcinet, son ancien manche à couilles, qui lui aussi brigue la plus haute fonction... Alors que... C'est pas le mauvais bougre, mais il a pas inventé le bidon de 21 !

Que des minables, des minus, des demeurés qui se passent de mon cerveau fécond.

En plus de ça, ces putains de jeux Olympiques qui me foutent dans la merde ! Parce que question droits de l'homme, le Tibet fait

Tintin et, moi, à cause de ça, je suis obligé de remballer mes cols Mao pour pas faire collabo ! Ah merde ! Quand ça veut pas rigoler, ça veut pas rigoler !

Je ne vais quand même pas finir comme ce pauvre Lionel Jospin qui n'en finit pas de revenir, comme un vieux ragoût de mouton.

Aussi je vous le demande instamment, monsieur le président : donnez-moi un poste. N'importe quoi, dame pipi à l'Élysée, représentant en aspirateurs UMP à Mayotte, mais bordel, filez-moi quelque chose ! Sinon, en mai 2008, je vais vous le faire sentir passer, l'anniversaire de Mai 68 !

Le Petit Théâtre de Bouvard

Avec Chevallier et Laspalès

Dans les années 80, l'humour s'impose à la télévision...

Philippe Bouvard en étant l'instigateur avec son populaire *Petit Théâtre...*

(Musique du Petit Théâtre.*)*

Ho, ho, ho, ho !

Bienvenue à cet apéritif du sourire, avec pour débuter, eh bien un sujet qui concerne à la fois nos génitrices, nos concubines, et, et, et il faut bien le dire, la plupart du temps, nos épouses : la femme !

La femme, sujet sur lequel nous allons nous étendre... ho, ho, ho, ho, ho ! Et pour essayer de percer les secrets de la psychologie féminine, eh bien, nous avons fait appel à deux spécialistes... Chevallier et Laspalès !

(Voix de Chevallier et de Laspalès.)

- Heu, dis-moi, et toi ta femme elle est comment ?

- Pénible !

- Ah ben, comme la mienne, pénible aussi, à croire qu'elles le font exprès... Et ça fait combien de temps que vous êtes ensemble avec ta femme ?

- Ça fait trois ans mais on veut pas se marier, on est contre... Moi par principe... elle par expérience...

- Ah ben c'est comme la mienne, elle a déjà été mariée, seulement il était pas si con que ça son ex-mari, il s'en est débarrassé !

- Oui ! parce qu'il s'est rendu compte qu'elle était pénible ! Seulement, nous, on est trop gentils, alors forcément... on tombe sur des pénibles !

- Et de deuxième main en plus ! Elles arrivent avec tous leurs problèmes, leurs gamins mal élevés, leurs casseroles, leurs problèmes...

- Oui ! Elles arrivent avec leurs problèmes de pénibles... Y a jamais rien qui va ! Alors que nous hein, ha ha, quand on est entre hommes !....

- Alors qu'elles, quand elles sont entre femmes...

- Elles sont pénibles ! À croire qu'elles font un concours...

- Finalement, les rapports entre les hommes et les femmes, c'est pas de la tarte ! Ça vient de quoi à ton avis ?

- C'est du fait qu'en sport, on court beaucoup plus vite qu'elles... Alors du coup, pour se venger, elles prennent des hormones et elles jouent au tennis... Pour ressembler aux hommes ! Pourtant c'est beau une femme...

- Oui, faudrait pas que ça parle...

(HOUUU dans la salle.)

- Et en plus elles ont pas d'humour.

- Ah, ah, j'aime bien ce passage ! Ah, je les ai calmées, oui ! Elle est quoi, comme signe ta femme ?

- Ah, ma femme elle est Bélier...

- Ça doit bien bourrer, ça ! Bourrer le bélier ! Bourrer le bélier ! Bourrer le bélier... Bourrer le bélier... La mienne est Vierge. Depuis le début ! Elle fait quoi, comme métier, ta femme ?

- Ah moi, ma femme, c'est que de la feignasse... elle est comédienne !

- Oh, ça doit bien être pénible, ça, une comédienne... 'marque, moi, j'ai vécu avec une chanteuse. Chaque fois qu'elle avait un problème, elle en faisait une chanson... Imagine le nombre de chansons qu'elle a pu écrire !

- Ah, pis moi ma femme, elle a pas que des défauts ! Elle a des qualités aussi...

(Le public : aaah !)

- Oui-oui-oui-oui-oui, elle a des qualités, oui ! Oui-oui-oui-oui-oui, oui-oui-oui-oui-oui... Bon je vais bien en trouver une... Ah oui ça y est ! Le chablis est toujours servi à la bonne température, le bourgogne toujours bien carafé une heure avant... Ce qu'il y a, c'est que quand elle a bu un coup...

- ... Elle est pénible ! Alors que, nous, on a le vin joyeux, on est affectueux ! Alors qu'elles, le lendemain, elles ont pas dormi, elles ont la migraine... elles sont encore plus pénibles...

- Finalement, en y réfléchissant bien... C'est peut-être pour ça qu'y a autant d'homosexuels !

- Oh non, mais moi ça, je pourrais pas ! Avoir la sensibilité d'une femme, j'aurais trop peur de devenir pénible !

(Noir.)

Jeux télévisés Questions pour un champion

Avec Julien Lepers

La télévision a su exploiter le filon des jeux... Depuis *La Tête et les Jambes*, présenté par votre serviteur... en passant par *Des chiffres et des lettres*, les jeux télévisés ont essayé d'appliquer le principe « apprendre en s'amusant »...

Et voici deux exemples récents, avec Julien Lepers et Jean-Pierre Foucault...

(Musique.)

- *Questions pour un champion*, avec ce soir Jean-Marc. Bonsoir, Jean-Marc !

- Bonsoir, Julien !

- Bonsoir, Jean-Marc, Jean-Marc qui exerçait la profession d'enseignant en grève...

- C'est ça, oui...

- Et qui maintenant est à la retraite, puisque vous avez 45 ans, hein...

- C'est pas tout à fait ça. En fait, je suis en prégrève...

- Ah bon ? Expliquez-nous...

- Eh bien, la prégrève c'est juste avant la préretraite dans l'enseignement...

- Ah oui, c'est comme pour les cheminots alors...

- Voila, pareil !

- Quelle région, Jean-Marc ?

- Ille-et-Vilaine !

- Ille-et-Vilaine, département préféré de Bertrand Delanoë... Ouh, qu'il est vilaine avec ses couloirs de bus !.... Et les travaux pour le tramway !

- C'est vrai que c'est un sacré bordel, hein !

- Non, c'est la Mairie de Paris... Pléonasme... En plus, ça va être joli, y a même de l'herbe au milieu !

- Bientôt y vont mettre des vaches...

- Non, c'est pour que le tramway broute ! Ça marche à l'herbe !

- Ah, ça marche à l'herbe, d'accord...

- Le plus dur, c'est de ramasser les bouses à la fin de la journée...

- Des bouses de tramway, oui...

- Donc, pour en revenir à vous parce que, hein, vous nous intéressez, finalement... Vous avez dit que vous étiez d'Ille-et-Vilaine, hein ?

- Oui, c'est ça...

- Où exactement ?

- À Redon...

- Redon...

- Toute ma famille est là-bas...

- Vous étiez enseignant, vous aimez dormir... C'est normal, il est d'Redon...

- Ah, ça y est, je viens de la comprendre...

- Oui.

- Oui, édredon, dormir... Il m'a fallu du temps...

- Si vous habitiez à Drap ou à Couette, j'aurais pu la faire...

- Ça marche aussi...

- On salue les habitants d'Ille-et-Vilaine qui, je le sais, sont nombreux, chaque soir, à regarder *Question pour un champion* dans leurs maisons de retraite... Les masters de Bronze des seniors de *Question pour un champion*... Avec ce soir des cadeaux fabuleux, offerts par France 3... Le Larousse médical des maladies dégoûtantes, des vaccins antigrippe, un lot de pantoufles du Dr Géva, une hanche en plastique, une cure pour deux personnes constipées à Châtel-Guyon... Des photos dédicacées de Frank Mickaël, des caoutchoucs neufs pour déambulateurs... et un voyage à Lourdes en demi-pension avec infirmières... De bien beaux cadeaux !

- Ah oui, très beaux cadeaux, j'adore Frank Mickaël...

- Oui ?

- Ah, oui !

- Artiste méconnu, finalement...

- On ne le voit pas assez...

- Enfin, on l'entend assez comme ça... Est-ce que je peux vous faire une remarque, Jean-Marc ?

- Allez-y, oui...

- Vous avez vraiment une belle cravate...

- Ah merci. Mais vous aussi, hein !

- Oui, justement, c'est l'esthète, le connaisseur et le collectionneur qui vous parle... La vôtre est vraiment magnifique...

- En fait, la mienne, je l'ai achetée à la Camif...

- Ça se voit...

- Et je l'aime tellement que je l'ai faite assurer à la Maif...

- Et vous la portez, chaque fois que vous faites des...

- Manifs !

- C'est dire si vous la portez souvent, hein...

- Oui... Pas le temps de la laver...

- Ça se voit aussi, et ça se sent...

- Oui.

- Elle est pas marron d'origine ?

- Si, si, j'ai choisi exprès pour mettre des taches...

- Oui, mais c'est quoi comme matière ? C'est de la soie, c'est de la rayonne ?

- Ah, non, non, pas du tout, c'est de la merde...

- C'est... de la merde. Vous êtes sur France 3, *Question pour un champion*, les masters de Bronze... Jean-Marc, enseignant... Julien Lepers... France 3... Questions... Attention... Bronze... Pion... Vous êtes prêt, Jean-Marc ?

- Je suis prêt, Julien...

- Un indice... Chez vous... TOP, c'est parti. « Je suis l'Afrique, je suis... »

- Un continent !

- Je suis incontinent, bravo... Vous avez gagné un lot de couches...

- Beau cadeau...

- Ah oui, on ne se refuse rien...

- Y a les moyens, sur France 3...

- Ah, oui... Vous prenez la main ?

- Je prends la main...

- Un indice chez vous, on s'en bat les couilles... TOP, c'est parti... Mon prénom est Alain, mon nom est Juppé... Je suis...

- Dans la merde !

- Je suis dans la merde ! Bravooo ! *(Il saute partout en lançant ses fiches.)* Ouaiiiis, Ouaiiis ! Aahh, que je l'aime ce jeu ! Ouais, ouais, bien joué ! « Magouilleur bordelais, je nie avoir détourné de l'argent, j'ai les juges d'instruction au cul. Mon prénom est Alain, mon nom est Juppé, je suis... Dans la merde. » Bravo, vous avez deux points...

- Génial !

(Il farfouille dans ses cartes et les tend au candidat.)

- Pioche... Un indice, chez vous, à l'hospice...

- TOP, c'est parti ! « Ma théorie, basée sur le fait que les valeurs qui dominent le monde ont pour origine la réaction des faibles qui dominent les puissants. J'oppose à ce nihilisme l'affirmation de la vie, philosophe allemand, mon prénom est Freidrich, je suis...

- Nietzsche !

- Ah, non ! Nieuteseche... Freideuriche Nieutesecheu... comme ça se prononce...

- Ah, oui...

- Freideuriche Nieutecheu, ah, c'est rageant, alors, je suis sûr que vous le saviez...

- Ah, oui, je le savais, oui !

- Et pourquoi vous l'avez pas dit, connard, alors ? Même moi je le savais avec mes cartons, allez, c'est pas grave... Vous gagnez quand même le Larousse encyclopédique des plantes d'appartement... Content ?

- Ah, oui, ravi !

- Allez, on rappelle les infirmières pour vider les bassins et éteindre la télé et on se retrouve demain... pour les masters de Bronze des juniors de *Question pour un champion*... Oui, c'était bien joué quand même...

(Il part avec le candidat en lui parlant...)

(Noir.)

Qui veut passer pour un con ?

Avec Jean-Pierre Foucault

(Musique.)

Qui veut passer pour un con, soirée spéciale pour une bonne cause puisque tout l'argent sera reversé à une grande œuvre humanitaire, il s'agit de l'association Hémorroïdes sans frontières qui fait beaucoup pour tous les trous du cul dans le monde – et croyez-moi elle a beaucoup de travail – sous le haut parrainage des journalistes François Prendurond et Maurice Safaimal, otages libérés du Bouquistan. Nous jouons ce soir avec Céline Dion. Bonsoir Céline.

Céline :

Bonsoir, j'tellement contente, de jouer pour Hémorroïdes sans frontières, vu qu' c't'un sujet qui nous concerne à tous. Même mon mari R'né y est ben embêté avec ça. L'a l'couloir à lentilles qui s'termine en chou-fleur. Dès qu'il mange épicé, l'lendemain, y a l'impression de chier d'la vaisselle cassée. Le pire c'est l'été sur la plage avec son string, de dos ça fait vraiment l'partage des cépages....

Foucault :

Merci pour ces détails qui j'en suis sûr sensibiliseront les téléspectateurs à ce terrible fléau que sont les hémorroïdes. Et nous jouons pour 100 euros

(Musique.)

Avec une expression à compléter. On dit : « Un tiens vaut mieux que deux ? » :

- Tu l'auras, réponse A
- Tu la sens, réponse B
- Tu la prends, réponse C
- Tu la suces, réponse D

Céline :

C' pô ben facile ! J'vas r'faire la phrase dans ma tête... Chui ben embêtée avec c'te réponse là vu qu'on fait pu ben souvent la chose avec R'né. Il est loin le bon temps où y m'posait la tête sur la pierre à évier pendant qu'y m'récurait l'plat à lasagnes... On est passé à la congélation. Même que nous voulons un autre enfant, j'espère que, la prochaine fois, ils me décongéleront le glaçon avant d'me l'introduire dans la grotte miraculeuse, c'était tellement froid la dernière fois, j'ai manqué d'attraper une vulvite, j'avais les grandes lèvres toutes gercées. J'faisais « atchoum » du bas...

Foucault :

Décidément, vous êtes un livre ouvert ! Mais je vous rappelle qu'il va falloir trouver une réponse... Vous pouvez utiliser vos jokers, vous n'avez pas utilisé vos jokers !

Céline :

Ah ben c'est ça que j'm'en vas faire ! J'vas prendre un jokaiiire, j'm'en vas prendre l'appel à un ami... J'm'en va appeler Garou.

(Sonnerie.)

Céline :

J'espère qu'il est chez lui, c'con-là.

(Ça décroche.)

Aaah... Allô Garou ?

Garou :

Aaargh....

Céline :

Il a raison. Réponse A : « Un tiens vaut mieux que deux tu l'auras »... C'est mon dernier mot, Jean-Pierre.

Foucault :

Alors on regarde la réponse... Bravo ! 100 euros pour les hémos ! Tout ça commence très fort ! Nous jouons maintenant pour un gros paquet de neuros... 1 200 neuros avec une question géographie.

« Parmi ces îles, une seule fait partie des îles grecques. Il s'agit de... »

- Mykonos, réponse A
- Menopos, réponse B
- Hélène Carrère d'Encausse, réponse C
- Tu l'as dans l'os, réponse D

Céline :

C'pô facile. Moi la Grèce, j'connais pas ben, à part Venise. On a été une fois avec R'né.... J'dirais quand même... réponse D, « Tu l'as dans l'os. »

Foucault :

C'est votre dernier mot ?

Céline :

C'est mon dernier mot, Jean-Pierre.

Foucault :

Quel suspense ! On regarde la réponse... C'était Mykonos et toi tu l'as dans l'os !

(Noir.)

Les Victoires de la musique

Dans une grande tradition de faux-culterie organisée, chaque année, nous subissons les Césars, les Molières... Le summum des soirées interminables revenant aux accablantes Victoires de la musique...

(Voix de Drucker.)

« Dans la catégorie Rap, musique de tarés et paroles à la con... la victoire est attribuée à Joe Pittbull, du groupe Fuck my Mother ! »

Yo, yo, yo, foutr' la merde ! Foutre laâà merde...

Yo, va foutre la merde, yo, yo, va foutre laaaaâ merde... On voulait dire qu'on est contents qu'on vient aux Victoires d'la muuuziiik. Pour qu'on peut prendre la parole pour qu'on peut s'exprimer. Pour que d'habitude on nous donne pas la parole pour qu'on puisse pas s'exprimer à part... à part chaque année quand on vient fout' la merde aux Victoires d'la muuuziiiik !

On voulait dire que nous-mêmes dans la société pourrie de maintenant... Yo ! Société pourrie, on te dénonce ! On voulait dire que si qu'on est considérés comme des rébellions, notre discours c'est pas la violence... Pas toujours.

On voudrait profiter qu'on est en direct pour s'adresser au minist'. On voulait dire : Ho, minist', si tu nous écoutes, pour résoudre le problème des banlieues, il faut qu'on communique... ta mère ! Bouffon.

On voulait aussi dire merci, là on en profite. On voulait remercier des choses à remercier... Alors, je voulais remercier tous ceux qui ont cru en nous déjà...

Ouais, les deux, là. Je voulais aussi remercier tous ceux de ma cité, que je voulais citer...

J'ai cité ma cité
J'ai cité ma citée
J'ai cité ma citéééé

J'suis un poète, j'fous laaaâ merde...

Je voulais dire aussi merci aux Victoires de la muuusiiiik... Qui chaque année nous invitent pour qu'on puisse foutre la merde aux Victoires d'la muuuusiiik. Aussi je voudrais remercier mon orthophoniste... sans qui je parlerais pas comme si je parle le rap couramment...

Je peux dire foutre laaaâ merde, nique ta mère aux Victoires de la muuusiiiik sans que je fais des fautes...

C'est lui qu'i m'a dit qu'y faut que je tienne mon micro comme ça (*à l'envers*). C'est la seucla. C'est la seucla.

Micro Viagra, la queue en l'air, ouais !

Voulais dire que comme c'est pas souvent l'occasion qu'on parle, euh... Que notre façon nous qu'on s'exprime c'est, euh, la muusiiik et, euh, le rap. Parce que moi j'suis un rappeur, au cas où vous auriez pas remarqué.

C'est pour ça que j'ai un bonnet. Il est beau hein, mon bonnet ? C'est mon style... Même en plein été, je le garde. J'transpire comme une vache, mais j'le garde. Même des fois j'mets un survêtement avec une capuche par-dessus mon bonnet. Ça m'fait deux couches pour protéger mon cerveau. Parce que ça fume, là-dessous, j'suis pas un bouffon ! Mon bonnet, c'est une marque de fabrique, c'est mon style. Ça me donne un air bonnet... Bouffon !

Bon, euh, avec mon groupe, les Fuck la Mother – ça veut dire « Bonjour madame » en langage de banlieue –, à Clichy-sous-Bois, on a écrit un rap de ta race qu'est un hymne à la tolérance de ton prochain et niquer la police... Et le seul titre qu'on a trouvé pour la tolérance, c'est *Fout' la merde*. C'est un rap à fromage...

Hein ! Quoi ? On a le temps, bouffons, on est en direct, on peut dire ce qu'on veut à la télé ! Et c'est pourquoi un rap à fromage ?

Ça parle de quelque chose de philosophique. Parce que le fromage c'est du brie de Meaux, et le rap c'est du bruit de mots...

J'suis un poète, j'fous laâà merde. C'est de moi-même... Je l'ai écrit, euh, avec mes doigts. Sur un mur, après j'ai recopié.

Je suis un poète, je fous laaaaâ merde... Alors je vais vous le chanter.

Pouf, touf, touf... Zi va, zi va, c'est la muuuusiiik !

Wouwouwouwou... c'est la platine. Fout' la merde...

À la télé y a qu'des bouffons
C'est pir' qu'la discrimination
Pas d'place pour nous dans l'émission
Heureus'ment on a une mission...
Fout'la merde (bis)

© Guirec Coadic

La société elle est trop lisse
Nous on veut niquer la police
Faire tout péter, feu d'artifice
Artifice de pute, j'te nique !
Fout' la merde (bis)

Jusque-là ça va ? Vous comprenez tout ?
C'est recherché les paroles !

Tout ça c'est un problème ethnique
La société aussi : elle t'nique
Et on parle comme le Titanic
Titanique ta mère !
Fout la merde (bis)

Mais un jour on f'ra des émules
Qui kiffent comme nous, qui disent « j'tencule »
Ça chauffera comme la canicule
Canicule ta mère !
Fout' la merde (bis).

L'heure de vérité

Avec Jean-Marie Le Pen

La politique occupe une place importante...

Les débats, mais aussi des émissions, comme *L'heure de Vérité*... qui a largement fait la promotion de Jean-Marie Le Pen... durant les années Mitterrand...

(Musique de Wagner.)

(Voix de Jean-Marie Le Pen.)

Je tenais effectivement à remercier la télévision française de m'avoir si souvent invité, afin que je puisse m'y plaindre d'ailleurs de ne pas y passer...

Désormais, à cause de l'omerta dont je suis victime, découlant directement de procédés bolcheviques tramés par la nomenklatura mediatico-socialo-politique partisane, inféodée, d'ailleurs au Grand Capital apatride levantin !

Eh bien, on ne me voit guère sur le petit écran, à l'heure de la soupe...

M'a-t-on vu chez M. d'Arvor ? Nein !

M'a-t-on vu chez Mme Borloo ? Nein !

M'a-t-on vu chez Mme Kouchner-Ockrent ? Nein !

M'a-t-on consacré tout un *Vivement dimanche* ? Re-Nein !

Je sens le gaz ou quoi ?

Et *alea jacta est*, comme le disait Jules César avant de franchir le Rubicon, n'est-ce pas, le sort en est jeté...

Fort de ce constat, j'ai décidé de me battre avec l'argent des militants du Front national qui est un parti démocratique !

(Il se racle la gorge bruyamment.)

J'ai décidé de racheter la chaîne câblée « Histoire » afin de parler aux chères petites têtes blondes des bienfaits de l'occupation.

Car quand on parle de l'occupation, on dit toujours « les années noires »... Mais, elles étaient pas si noires que ça ces années-là ! Le franc était soutenu, y avait pas de grève, d'ailleurs y avait pas de chômage... C'est normal, toute la France était occupée... !

La France se reconnaissait tout entière dans les valeurs du bon maréchal, ami des Arts et Lettres et créateur de la populaire Fête des mères...

Fête que j'aurais aimé souhaiter, n'est-ce pas, à ma femme Jany.

Que Jany me donne un héritier eut été ma plus grande joie. Idéalement des jumeaux, nous les aurions baptisé Adolphe et Benito...

Malheureusement, n'est-ce pas, la Nature n'en a pas voulu ainsi... À l'âge où je l'ai emballée, au bal des anciens de la LVF de l'île d'Yeu, on lui avait déjà fait la totale, à savoir, on lui avait déjà enlevé la nursery, il lui restait plus que la salle de jeu.

C'est pour vous dire ô combien grande fut ma déception, mais n'est-ce pas, je suis un éternel déçu, d'ailleurs la France me déçoit, n'est-ce pas, la France n'est pas prête pour la dictature...

Pourtant avec le fotbal, la télé-réalité, les JO 2012 avortés, Canal Plus et autres billevesées... On les pensait bien décervelés... N'est-ce pas, je reviendrai ! Je reviendrai car je suis encore jeune, voyez ? J'ai même un portable ! J'envoie des M-SS...

Je reviendrai pour la prochaine présidentielle, j'aurai 78 ans, n'est-ce pas, l'âge du nouveau pape Herr Ratzinger ! « *Habemus papam Hitlerum !* » *(Sur l'air des pâtes Panzani.)* Un pape, un pape... oui mais un pape nazi !

Et toujours bon pied, bon œil !

Seig heil !

(Noir.)

Le télécon

Avec Gérard Holtz et Patrick Bruel

(Voix de Pierre Bellemare.)

La télévision a toujours dégouliné de bons sentiments...

Mais, généralement, c'est pour la bonne cause qu'on se mobilise...

N'est-ce pas Gérard Holtz...

Mo-bi-lisez-vous !

Mobilisez-vous pour cette grande soirée du Télécon...

Vous avez une télé de cons alors, mo-bi-lisez-vous pour le Télécon.

D'autant plus que la recherche avance, la recherche avance ! La recherche avance...

La recherche avance !

On a isolé le gène de la connerie, le gène de la connerie a été isolé, les chercheurs, les scientifiques l'ont baptisé « Gène Endémol », ou gène dit de *télus réalitus conardus*, et c'est très grave...

On peut d'ores et déjà aider des tas de cons qui sont enfermés dans une ferme ou dans une caserne, et ce soir nous allons nous occuper de ceux qui sont enfermés dans un château, je veux parler bien sûr des élèves de la *Star Academy*. Car la maladie les a déjà fortement atteints au cerveau.

Comment les reconnaître ? Quels sont, quels sont les symptômes ? Quels sont les symptômes ?

Eh bien, c'est simple, ils ont deux neurones, la tête pleine de gel, le regard vide, des boutons... Ils braillent toute la journée, ce sont, ce sont les pestiférés du XXIe siècle, on les enferme dans des dortoirs.

On les enferme dans des dortoirs !

J'vous raconte pas l'odeur... Ça sent la chaussette, la culotte post-pubère pas fraîche, les déjections spermatiques d'adolescents en manque... Y en a une qui vient de se reproduire...

Il faut donc se **mo-bi-liser** pour les faire sortir afin qu'ils retombent dans l'anonymat dans lequel ils auraient dû rester depuis longtemps...

Alors **mo-bilisez-vous !**

... Et par pitié si vos enfants veulent faire la *Star Ac'*, faites-les piquer par le vétérinaire le plus proche... On a déjà assez de chanteurs et de chanteuses pénibles pour ne pas encore en élever en batterie, qui vont nous emmerder, alors mo-bilisez-vous !

Soirée, soirée sous le signe de la générosité, **gé-né-rosité** étant le maître mot de cette soirée avec un parrain à la hauteur de ce Télécon.

Ah oui, il fallait un parrain pour ce Télécon 2006... Patrick Bruel, parrain du Télécon...

(Voix de Patrick Bruel.)

Ah oui, merci, Gérard Holtz, bravo, super, continuez... Bravo pour tous les bénévoles, bravo à tous. J'voulais, j'voulais, j'voulais, j'voulais, j'voulais, j'voulais dire qu'en tant, qu'en tant, qu'entan, quentanquentanquentan qu'auteur, qu'en tant, quentanquentan que compositeur, qu'en tant qu'interprète, que chanteur aussi... Qu'en tant que tout, j'suis tout... Modestement, je voulais dire aussi que, que le rôle d'un artiste c'est aussi de prendre position... Et pas forcément la levrette...

Il faut, il faut, il faut donner pour la recherche, il faut donner pour le télécon. On peut, on peut aider des tas de cons... Alors, comment ça se passe ? Je vais vous indiquer la marche à suivre, ça fait pas mal... Même moi je l'ai fait...

Il suffit de faire une promesse de con. Alors vous allez me dire, qu'est-ce qu'une promesse de con ?

Eh bien je vais vous répondre : une promesse de con, c'est... Il suffit d'envoyer un neurone ou deux... Parce que avec dix neurones, on peut acheter un cerveau à un des élèves de la *Star Acacademy*. Alors on va faire des promesses...

On en a reçu un ?

Ouiiii ! On vient d'en recevoir un !

Super, bravo, continuez... On me dit en régie que c'est celui de Joey Star qui vient d'en faire don et c'est très généreux de sa part parce que c'est le seul qu'il avait !

Continuez, super...

Bon, c'est encourageant parce que dans, dans, dandandans une période aussi troublée que la nôtre, il faut aussi faire preuve d'altruisme...

J'aime bien les mots compliqués, comme ça, ça fait intelligent.

« Altruiste », ça veut pas dire éleveur de cochonnes, hein ? Ça veut dire... Ça veut dire qu'il faut pas être mou, il faut, il faut, il faut un peu de don de soi...

Moi je, par exemple, je, je, je suis un chanteur engagé, je, j'ai des causes à défendre... J'suis pour les intermittents, sauf quand ils annulent mes spectacles. J'suis, j'suis contre la guerre parce qu'il y a des morts, c'est normal, les fusils ça tue, c'est pas bien... J'suis contre le génocide des dindes à Noël, c'est, c'est terrifiant... On leur fourre des marrons dans le cul, j'vous dis pas la torture... Non, c'est terrifiant ! Insoutenable ! D'façon, y en aura bientôt plus... J'suis contre la pluie aussi, parce que ça mouille, j'suis contre la pollution, parce que ça donne le cancer, mais j'suis quand même pour mes concerts, même si ça pollue...

Et ce soir, j'ai écrit une chanson. Je me suis dit je vais faire un geste... J'ai écrit une chanson pour tous les élèves de la *Star Ac'*, une chanson dont tous les bénéfices seront reversés évidemment exclusivement à moi-même, faut pas déconner...

Une chanson qui parle de ces élèves, de ce qu'ils vont devenir, dans un an... Et toi où tu s'ras dans un an ? Et toi ? Et toi, toi et toi ?...

(Musique de Place des grands hommes.*)*

Ils s'étaient dit rendez-vous dans un an
Même jour, même heure, même connes
Et on voit bien qu'une bande de glands
Ça peut pas devenir des grands hommes...

On les a vus brailler, couiner
Pendant des heures à la télé
Et même moi, qui ai aucune fierté
Avec eux j'suis allé beugler...

Toutes les merdeuses et tous les merdeux
Des chanteurs à la mords-moi l'nœud
Ces benêts qu'on a exploités
Et qui nous ont cassé les pieds...

Combien sortiront du lot
Et combien vont virer clodo
L'an prochain avec un peu de pot
Combien seront là ?
Quatre, trois, deux, un ? Zéro !

Ils s'étaient dit rendez-vous dans un an
Même jour même heure, même connes
Et on voit bien qu'une bande de glands
Ça peut pas dev'nir des grands hommes...

J'les fais mouiller, les pisseuses, les connasses
Comme vous, comme vous, comme vous
J'ai bourré des Zénith, vendu des places
Comme vous, comme vous, comme vous...

À chaque gagnante, une nouvelle a fait place
Du coup, du coup, du coup
Et toi Nolwenn, qui envisageait, simplement
D'avoir un neurone et demi
As-tu réussi ton pari ?
Et toi Sofiane, et toi Houssine ?

On entend plus parler de vous...
Et toi, Michal, tu pointes toujours au chômage avec Georges-Alain ?
Et toi, Jean-Pascal, t'es toujours aussi con ?

Vous vous êtes dit rendez-vous dans un an
Même jour même heure, même connes...
Et vous voyez qu'une bande de glands
Ça deviendra jamais, ô jamais
Des grands hommes
Des grands hommes
Des grands hommes...

Tiens, si on parlait plus de ces cons
Dans un an...

(Noir.)

Les vœux des présidents

Avec Jacques Chirac et Nicolas Sarkozy

Depuis le général de Gaulle, tous les 31 décembre le chef de l'État présente ses vœux aux Français. Dans cet exercice, le président Jacques Chirac avait son style bien à lui. Nous sommes en décembre 2006, à vous l'Élysée...

(La Marseillaise.)

Alors, ça va j'ai mes lunettes pour lire mes conneries au prompteur. Ah ! Mon sonotone... *(Il le règle.)* J'ai mes couches. Le déambulateur on le voit pas à l'écran hein ? Eh ben on va pouvoir y aller.

(Voix off : « Faut y aller, monsieur le président ! »)

Hein ? Oh non j'ai pas mal aux dents.

(Voix off : « Non, vous pouvez y aller ! »)

Qu'est-ce qu'on attend là ?

(Voix off : « Et puis démerde-toi espèce de gland ! »)

Ah ! On me dit que je suis à l'écran !

Mes chers cons, mes chers patriotes, mes chers compatriotes...

Je tenais-ze à m'adresser à vous en cette veille de nouvelle année et juste avant qu'vous vous soyez massacrés trois doigts en ouvrant ces putains d'huîtres.

Et je voudrais tout d'abord avoir une pensée pour ceux-xe qui sont dans le besoin, ceux-xe pour qui-te l'année n'a pas été facile, ceux-xe qui, avec l'arrivée des grands froids, n'avaient pas d'endroit où dormir, je pense notamment à Hervé Gaymard.

Je voudrais-ze aussi avoir une pensée pour les plus démunis, ceux des banlieues qui, affectés par l'augmentation du gaz, sont obligés de faire brûler des voitures pour se réchauffer.

La France se doit d'avoir un devoir de mémoire. N'oublions pas que la France a été occupée, envahie-te en 1998 avec la Coupe du monde de football. Eh bien, nous avons évité de justesse un nouveau drame et ce grâce à nos amis et alliés les Anglais qui nous ont débarrassés des JO 2012. On n'avait pas fini d'payer le stade de France qu'on devait encore payer d'autres conneries pour que des crétins à crampons viennent faire leurs intéressants sur du gazon. Eh ben non ! Dans le cul la balayette !

Notre pays a toujours su se montrer généreux en tendant la main à des pays sous-développés : la Corse. J'adresse d'ailleurs mes félicitations au syndicat des travailleurs corses, dont le seul nom faire rire : « travailleurs corses ». Deux mots qui se télescopent.

La France doit être vigilante, eu égard à la grippe aviaire ! Et je propose une mesure radicale : faire piquer Sarkozy, vu que c'est le patron des poulets. Je conseille d'ailleurs vivement à Mme de Fontenay de ne pas sortir ses dindes en ce moment.

La France peut être fière de ses forces vives : la SNCF, Air France, la RATP, la SNCM, les transports en commun marseillais, qui n'hési-

tent pas à payer de leur personne en arrêtant volontairement leur travail afin de descendre dans la rue à la rencontre des usagers.

Ou l'Éducation nationale si motivée, grâce à laquelle nous obtenons des résultats, voire des records d'analphabétisme. En effet depuis quelque temps, ils nous créent des générations d'abrutis, incapables de lire Baudelaire ou Victor Hugo sous prétexte que c'est pas écrit en texto ou en SMS.

La DDE... Ah, la DDE ! Brillante administration qui, avec cette capacité d'émerveillement qu'on lui connaît, découvre chaque année avec étonnement que l'hiver, il peut neiger aussi sur la route.

Je voudrais aussi vous donner des nouvelles du *Clemenceau* : il va bien. Il est allé un petit peu s'aérer l'amiante en mer, alors voilà, il va nous refiler la grippe amiante ce con-là.

Quant à moi-te, je voudrais vous donner des nouvelles de ma santé. Comme je le disais récemment à mon homologue Allemande Encula Merkel : « Je vais bien, j'ai plus l'œil qui clignote. » Certes, pendant une période je n'ai pas pu voyager mais j'en ai profité pour découvrir la France profonde, la France des bistrots. D'ailleurs j'en avais une bien bonne, chaque fois que je rentrais dans un bistrot, je demandais un cocu, hop on me refilait un Pernod ! J'leur disais : « Combien ça coûte ? »

Je voudrais aussi vous faire remarquer à bientôt un an de la fin de mon mandat que, au moins une fois dans ma vie, j'ai tenu une promesse électorale : avant le référendum j'avais dit qu'en cas de bide je ne partirai pas, eh ben j'suis toujours là, bande de veinards !

Sur ce, mes chers compatriotes, je vous la souhaite bonne, longue et vigoureuse, comme dirait Rocco Siffredi.

Vive la République, vive les huîtres, vive Line Renaud, et vive la France !

(Noir.)

Avec Nicolas Sarkozy, évidemment, en décembre 2007, les choses ont un peu changé...

(La Marseillaise. *Il arrive en courant.)*

Mes chers amis... pendant la campagne, je vous avais promis la rupture : ben voilà... y en a déjà deux !

La mienne avec ma femme, ça s'est fait !

Et l'autre avec les syndicats de feignasses...

Parce que, souvenez-vous, j'avais dit : « Il faut travailler plus pour gagner plus ! » Ben eux, la CGT – Sud Rail – FO avec leur cerveau du XIXe siècle, ils ont compris : « Il faut travailler moins pour gagner plus »...

Et pourtant j'ai voulu faire plaisir à tout le monde en faisant un gouvernement d'ouverture ! Y a eu Fillon 1 et maintenant Fillon 2. Il est beau mon Fion 2 ! Fion, c'est un peu un Juppé avec des cheveux... J'ai été obligé de nommer Michèle Dingo-Marie sinon elle nous aurait fait un caca nerveux... D'ailleurs vous avez vu dans mon gouvernement j'ai plein de femmes. Rama, Fadela, Rachida.

Mais chez moi y a plus Cécilia ! Y a Carlita !

On a aussi Jean-Louis Borloo. Lui, vu ce qu'il se met dans le cornet, il est content de travailler chez Nicolas.

Vous savez comment j'ai testé mon gouvernement ? Au jogging à la course à pied !

J'vous dis pas comme on a rigolé quand la mère Boutin et la mère Bachelot ont enfilé leur short. Pour pas les perdre, je leur avais accroché des clarines autour du cou : ça faisait transhumance dans les alpages !

Mais Roselyne Bachelot c'est une femme méritante, sérieuse dans son travail, très professionnelle. Chaque fois qu'on va voir une épreuve sportive, elle met la tenue qui correspond. Là, au foot, elle a mis le maillot de l'équipe de France... Je redoute les épreuves de natation, et je vais éviter de l'emmener voir du sumo.

Bref. Mais où j'ai fait le plus fort dans mon gouvernement c'est avec André Santini. Vous vous rendez compte ? Un Corse pour diriger des fonctionnaires... fallait le faire !

Et vous savez j'ai failli nommer dans mon Fion 3 ? Roger Hanin à la fonction publique. Alors vous allez me dire pourquoi Roger Hanin ? Ben je vais vous le dire... Roger Hanin dans Navarro sur TF1... Un fonctionnaire qui à 81 ans et travaille encore. Y a qu'à la télé qu'on peut voir ça ! C'est ça le plein emploi !

Ca s'appelle une fiction.

C'est vrai que je pouvais pas prendre tout le monde. J'ai fait des choix, j'ai pris des gens de l'UDF, ceux qui n'ont pas soutenu François Bayrou... C'est-à-dire toute l'UDF. François Bayrou, tiens on l'entend moins, le vertueux Béarnais. Il faut dire qu'il est passé rapidement de tête de liste à tête de nœud !

À gauche aussi j'en ai pris : le sac de riz Bernard Kouchner.

J'aurais même pu ratisser plus large en prenant des gens d'extrême gauche.

Besancenot... Mais Besancenot, plus on le voit, plus on aime les chiens qui mordent les facteurs.

Et Marie-Georges Buffet... Mais quand on voit la gueule du meuble, on n'a pas envie de se coincer les doigts dans le tiroir !

Alors, quel bilan tirer de ces derniers mois ?

Ma femme Cécilia, première dame de France pendant cinq mois, a réussi à libérer les otages bulgares... Une petite turlutte à Kadhafi et c'était fait... Et comme elle était plus là, c'est moi qui suis allé au Tchad.

Mais mon gros truc en ce moment, c'est l'écologie. C'est important....

Lutter contre les gaz à effet de serre... Le pet, par exemple, tout le monde le sait : le pet c'est du méthane. Quand les vaches pètent, ça fait des trous dans la couche d'ozone. Alors j'ai débloqué un milliard d'euros pour mettre des pots catalytiques au cul des vaches... Même à Martine Aubry.

Parce que si la planète se réchauffe, ils sont allés où, tous les phoques de la banquise ? À Paris-Plage !

D'ailleurs je voudrais féliciter Bertrand Delanoë pour son initiative cycliste. Avec tous ces vélos, Paris ressemble à Pékin dans les années 60... C'est vrai avant, en Chine, ils roulaient à vélo maintenant ils ont tous des Rolls, des limousines... et nous, ben on roule à vélo... Le président Mao parlait d'un grand bond en avant... Ben les écolos nous ont fait faire un grand bond en arrière !

Et pour finir quelques conseils pour être un bon éco-citoyen... Économiser l'eau, prendre une douche plutôt qu'un bain, et pour vous mesdames, pour votre toilette intime, n'utilisez plus le bidet : faites le poirier sous la douche.

Économisez l'électricité, éteignez la télé quand y a des conneries... Donc éteignez la télé... La lumière aussi. Moi ça fait longtemps qu'à l'Élysée j'ai plus de lumière... Y a qu'à voir mon gouvernement.

Protéger les arbres, avec ce conseil que m'a donné Nicolas Hulot, le BHL des fougères : arrêtez de gaspiller le papier quand vous vous torchez... Utilisez les deux côtés.

Luttez contre les OGM en commençant par supprimer José Bové qui a vraiment une tronche d'organisme génétiquement modifié.

Mais je cause, je cause, le temps passe j'ai pas que ça à foutre j'ai une nouvelle femme à trouver...

Allez, *La Marseillaise*, bordel !

Nicolas Sarkozy, toujours : après l'arrivée de Carla et la branlée des municipales de mars, le discours a-t-il vraiment changé ? Nous sommes un 1er avril, mais quand même...

Mes chers amis, mes chers compatriotes, ma chère Carlita...

Et toi, pauvre con, casse-toi.

Vous avez vu ? J'ai changé.

J'ai changé et j'ai couillé grave... J'ai mis neuf mois à accoucher d'une merde. Grâce à moi, toute la France est de gauche. À part le roi de la bouillabaisse du Vieux Port et l'embaumeur du Ve de Paris qui fait voter les morts, j'ai eu tout faux.

Et tout ça à cause de ma Rolex, de mes Ray-Ban et de ma femme chanteuse portemanteau qui susurre à l'oreille des bobos ! Je suis sûr que j'ai déçu les pauvres qui avaient voté pour moi. Salauds de pauvres !

Et puis il y a eu aussi le Bayrou. C'est quand même le seul centriste qui veut se faire élargir au centre, malgré ses hémorroïdes... Quand on mettra les prétentieux dans le même panier, faudra pousser le Bayrou pour pouvoir y rentrer ! Ma seule satisfaction, c'est qu'à Pau il a pas eu de pot. Il l'a eu dans le vase !

Et puis, tu parles, il paraît que j'ai un Premier ministre, François Fion. On a eu Fion 1, Fion 2, Fion 3. Et je l'ai dans le fion. J'ai toujours la mère Lagarde au gouvernement. La sorcière aux dents vertes, celle dont les parents disent aux gosses le soir : « Si tu manges pas ta soupe, on appelle Christine Lagarde ! »

J'me suis marié avec ma Carla. On verra combien de temps ça va durer. Et puis si ça marche pas, j'me taperais bien Paris Hilton. Elle est belle, elle est cochonne, elle a de l'argent... Tout ce qu'il me faut !

Télé vulgaire : la dérive

Un récent sondage nous révélait que les Français trouvaient notre télévision actuelle trop vulgaire. Mais imaginons si elle l'était vraiment.

Ouvrons le débat avec Jean-Marie Cavada.

Madame, Monsieur bonsoir,

Le sujet de cette *Marche du siècle* est un sujet directement inspiré du courrier des lecteurs de *Télé 7 merde* et *Télé-ramonemoil'oignon* : « la télévision est elle vulgaire ? », avec ce soir, pour débiter des conneries et enculer des mouches, des invités de prestige : le Dalaï Lama, qui tortille du cul pour pas chier droit et qui nonobstant son statut vient de péter sous sa cloche à fromage, bonsoir monsieur. Également présente sur ce plateau, Taslima Nagouine, prix Nobel de broute-minou à Oslo (à l'élastique), accompagnée de

Danielle Mitterrand qui, je vous le rappelle, a été la première au Chiapas à tailler la pipe du sous-commandant Marcos. Également présent le philosophe intégriste Tarik Ramadan (le fion), pour son ouvrage *Pas de rillettes dans la craquette*, qui est la suite de *Pas de calva sous la burka*, et avec ces cons-là on va pas se faire chier.

Premier témoin de cette *Marche du siècle*, témoin majeur dans l'histoire de la télévision, une figure : Jacques Chancel. La question, Jacques Chancel : avez-vous été victime de la vulgarité durant vos années de télévision ?

(Voix de Jacques Chancel.)

Que nenni ! Point de vulgarité au *Grand Échiquier*, elle ne s'accordait pas avec le talent de Rostropovitch, d'Arthur Rubinstein, de l'Orchestre national de Radio France en grève ! Et pourtant je vous l'avoue, j'ai été tenté, durant ces années de télévision... En effet ça fait trente ans que j'ai envie de demander à l'illustre trompettiste Maurice André : « Alors Maurice, et ta trompette, si tu t'la carres dans l'oignon, ça fait quel son ? »

(Jean-Marie Cavada.)

On peut se poser la question, peut-être serait-ce le sujet d'une prochaine *Marche du siècle*.

Nonobstant, en matière de vulgarité à la télévision, la réalité dépasse souvent la fiction, notamment avec une émission comme *Le Droit de savoir* sur TF1, présentée par Charles Villeneuve. Document.

(Voix de Charles Villeneuve.)

Bonsoir. En effet depuis le début du *Droit de savoir*, l'émission où on a le droit de savoir des choses qu'on sait déjà, eh bien nous avons abordé des sujets pas racoleurs du tout.

- Lady Di suçait-elle Dodi Al-Fayed sous le pont de l'Alma ? La question, nous nous la sommes posée, au *Droit de savoir*.

- Les flics du cap d'Agde avec les naturistes et leurs zézettes floutées qui s'emmanchent derrière les dunes.

- L'affaire Monica Lewinsky, un grand sujet d'investigation : où l'on pouvait y voir Monica avec sa grosse bouche à col roulé et ses nichons à cravate de notaire nous avouer que fumer le cigare par la vulve c'est moins dangereux pour les poumons.

Mais encore une fois c'est pas du cul, c'est de l'information, on est sur TF1. D'ailleurs le sujet de ce soir du *Droit de savoir* est un sujet purement journalistique d'investigation puisque nous évoquerons le marché du sexe, le X, la pornographie.

En grand professionnel, j'ai visionné tellement de cassettes pour préparer l'émission que j'ai encore mal au poignet. J'ai visionné entre autres : *Petites Cochonnes en chaleur à l'infirmerie*, très bon film avec de très beaux gros plans où on comprend mieux les choses. *Tu la sens ma grosse B points de suspension* avec Rocco Quisraidit, *Les Aventures du père Carambar*, qui s'fait sucer dans les couloirs. Alors bonne soirée sur TF1, la chaîne qui fait le trottoir avec « Tu le sens mon doigt de savoir »...

(Noir.)

Les envahisseurs

Avec Marc-Olivier Fogiel, Thierry Ardisson et Laurent Ruquier

Les envahisseurs, ces êtres étranges venus du petit écran.

Leur destination : chez vous. Leur but : faire de l'audience en faisant du racolage. David Vincent les a vus. Cela a commencé par un homme fatigué cherchant un programme intéressant que jamais il ne trouva. Cela a commencé par l'apparition de trois juges d'instruction :

(Ardisson.)

Tout le monde en parle avec ce soir...

(Fogiel.)

Bonsoir-ran, on est en direct ! *On ne peut pas plaire à tout le monde*...

(Ruquier.)

On a tout essayé, avec Gérard Miller...

Maintenant David Vincent sait que les envahisseurs sont là et il doit convaincre un monde incrédule que le cauchemar a déjà commencé...

On ne peut pas plaire à tout le monde

(Voix de Marc-Olivier Fogiel.)

Bonsoir-ran, *On ne peut pas plaire à tout le monde* au sommaire ce soir, ce soir nous recevrons un prêtre pédophile, pléonasme, nous recevrons aussi l'avocat de Maurice Papon, nous recevrons l'abbé Pierre qui nous parlera du temps où il allait aux putes, nous ne recevrons pas Brigitte Bardot, Brigitte Bardot n'a pas voulu revenir-ran, je suis le seul phoque qu'elle aime pas. Hin, hin, hin !

Et nous parlons tout de suite littérature-ran avec mon premier invité : Jean d'Ormesson. Jean d'Ormesson bonsoir, Jean d'Ormesson bonsoir-ran, Jean d'Ormesson bonsoir, Jean d'Ormesson bonsoir, Jean d'Ormesson ma question j'espère que vous allez y répondre, Jean d'Ormesson vous êtes drôle, intelligent, spirituel, hétérosexuel, vous avez pas l'impression d'être ringard-ran ?

(Voix de Jean d'Ormesson.)

Écoutez, jeune homme, comme je le disais récemment dans le *Figaro*, j'aime la vie et ses plaisirs, je suis une sorte d'hédoniste car, comme l'écrivait René Char : « Nous sommes dans l'inconcevable avec des repères éblouissants. »

Vous avez tout compris ou il faut que je vous le répète ?

Car comme le disait Victor Hugo : « Ces choses là sont rudes, il faut pour les comprendre avoir faire des études. » Quant à vous, jeune insolent, je citerai Chateaubriand que j'ai très bien connu, j'ai très bien connu Chateaubriand, Chateaubriand qui disait – et cette phrase vous sied à merveille : « Vous qui aimez la gloire, soyez votre tombeau, couchez-vous-y bien, tâchez d'y faire bonne figure, car vous y resterez. »

(Marc-Olivier Fogiel.)

Merci, merci Jean d'Ormesson, je viens de recevoir un SMS, je viens de recevoir un SMS-san, un SMS, des SMS qui défilent, des SMS trafiqués, des SMS-SMS-SMS-san de Doc Gynéco qui lui non plus n'a rien compris.

Mon deuxième invité c'est Fabrice Luchini. Fabrice Luchini bonsoir-ran ! Fabrice, bonsoir. Fabrice Luchini bonsoir. Fabrice, bonsoir. Fabrice, Fabrice, Fabrice, Fabrice Luchini, alors Fabrice, alors Fabrice maintenant j'espère ma question vous allez y répondre. Fabrice, quand vous êtes sur un plateau de télévision vous en faites des tonnes, ça cache quoi ? La peur du bide ?

(Voix de Fabrice Luchini.)

C'est énorme !

C'est hallucinant, Marco !

Marc-Olivier Fogiel, pitbull avec une tête pleine d'implants, le sourire goguenard du type mal dans sa peau qui présente une émission qui s'intitule *On ne peut pas plaire à tout le monde* !

Énorme, le titre, énorme !

On ne peut pas plaire à tout le monde !

Au moins l'étiquette correspond au produit.

Certes on ne peut pas plaire à tout le monde, mais on paye une redevance pour ça, une redevance qui sert aussi a payer les couloirs interminables de publicité sur le service public, Christine Bravo, les conneries d'Ardisson, les téléfilms sociaux à la con, les séries à casquette et à béret, un instit' dégoulinant de bons sentiments dans des classes Benetton. Ils ont passé en revue toutes les professions : instit, kiné, mono, ils ont pas osé proctologue, ça aurait fait ton sur ton.

« Je cherche le silence et la nuit pour pleurer », disait Corneille.

Le dramaturge, hein, pas le chanteur évidemment.

« Roule torrent de l'inutilité », disait Montherlant.

L'inutilité de la redevance quand on voit le niveau du service public on a envie de donner sa redevance à TF1 parce que quand c'est mauvais chez un commerçant, Marco, quand c'est mauvais chez un commerçant, on n'y va plus. Alors pourquoi on nous oblige encore à payer pour France Télévision ?

(Marc-Olivier Fogiel.)

Merci Fabrice-an. Merci Fabrice-an. Merci Fabrice, en tout cas moi je suis très bien sur le service public. De toute façon j'ai été recalé sur TF1 à la *Ferme célébrités* parce que contrairement à Vincent mac Doom je ne supporte pas de m'épiler à la cire chaude.

Mon dernier invité c'est un habitué des plateaux de télévision et du mien en particulier. Non, c'est pas Dieudonné. C'est, c'est Nicolas Sarkozy ! Nicolas Sarkozy bonsoir, Nicolas bonsoir, Nicolas bonsoir-an, Nicolas Sarkozy bonsoir, Nicolas bonsoir, Nicolas bonsoir-an, Nicolas, Nicolas, Nicolas, Nicolas, Nicolas, Nicolas bonsoir, alors Nicolas Sarkozy maintenant on voudrait une vraie réponse : candidat ou pas ?

(Voix de Nicolas Sarkozy.)

Hein ? Hou là ! pas trop fort, j'ai la migraine. Écoutez, en tant que Jean-Pierre Pernaud de la politique, je suis, je suis bien obligé d'avoir une perspective heureuse et d'y penser.

Parce que qu'est ce qui va rester du bilan de Jean-Pierre Raffarin ? Qu'est-ce qui va rester de son bilan à polichinelle ? Peau de balle. Comme Villepin. Villepain perdu. Ha, ha, je fais de l'humour. Galouzeau de Villepin : c'est pas un nom de Premier ministre. Galouzeau de Villepin c'est un nom de bourrin qu'on jouerait même pas dans la cinquième à Auteuil !

Vous avez vu ? On dirait un peu André Rieu physiquement, hein : il joue du violon et ça endort tout le monde.

Alors qu'est-ce qui nous reste ? Deux repris de justice, Alain Juppé, le Bordelais sinistre, l'épouvantail à électeur, et Jacques Chirac, le grand gominé de l'Élysée qui se reverrait bien refaire un tour de manège, vu que s'il quitte la rue du Faubourg-Saint-Honoré c'est comme au Monopoly, il va directement en prison sans passer par la case départ.

Alors, alors je vous le demande, alors je vous le demande Marc-Olivier Fogiel, alors je vous le demande : qui est-ce qui reste au milieu de tout ce fourbi ? Bibi. Le Terminator des banlieues et surtout le président de l'UMP et l'UMP, UMP ça dit bien ce que ça veut dire : « Uniquement Moi Président. »

Et je vous emmerde.

(Noir.)

Tout le monde en parle

(Voix de Thierry Ardisson.)

Tout le monde en parle, avec ce soir : Carla Bruni, le portemanteau qui chante en sourdine, Agnès Jaoui et Jean-Pierre Bacri, les Thénardier du ciné, l'actrice de hard Cathia Bourafon pour son film moyenâgeux *Les Doigts maudits*, d'après Maurice Duron, Christine Bravo pour son livre *Diététique : comment j'ai pris 50 kilos en sifflant 20 litres de gros rouge par jour*, Mazarine Pingeot et son livre-mémoire *Maman s'est tapé tonton* et j'accueille tout de suite pour l'interview à la con, l'interview Ardicon : Jean-Claude Brialy.

Alors Jean-Claude Brialy, Jean-Claude Brialy. Alors Jean-Claude Brialy, hin, hin, ouais, ouais, hin, hin, hi-han, hi-han, alors à c'moment-là c'moment-là c'moment-là, c'moment-là vous vous dites j'vais écrire une autobiographie, on la voit, elle est là, dans laquelle vous parlez de toutes les personnes que vous avez rencontrées, alors dites-nous du mal, on est là pour ça.

(Voix de Jean-Claude Brialy.)

Non, tellement meeerveilleux, tous mes amis sont là ! C'est vrai que j'ai écrit une autobiographie. Vous aussi, ça s'appelle *Les mémoires d'un cocaïnomane* et ça n'intéresse personne. Mais moi je rends hommage à mes amis. Je voudrais d'abord avoir une pensée pour le prince Rainier qui nous a quittés, le papa des merveilleuses princesses : Caroline, Stéphanie et Albert.

Non on peut plus dire ça, il a un enfant maintenant. Vous avez remarqué : au casino à Monaco c'est comme les couilles du prince, c'est souvent le noir qui sort.

J'ai rencontré toutes ces meeerveilleuses personnes au Bal de la rose qui en l'honneur d'Ernst August va être rebaptisé Bal de la cirrhose. C'est toujours Stéphanie qui ouvrait le bal... et les cuisses. Si, j'y étais. Entre deux valses viennoises, elle turlutait un loufiat pendant qu'Albert dansait avec son bobsleigh. C'était de toute beauté. Mais j'ai surtout rencontré des merveilleuses actrices dans le monde du cinéma, et la première dans mon cœur et au Botox-office, ma meeerveilleuse et toujours aussi jeune, ma reine maudite : Jeanne Moreau. Bonsoir, Jeanne.

(Voix de Jeanne Moreau.)

Bonsooiiir... Bonsoir, Jean-Claude, oh je t'ai mis du rouge, bonsoir à tous...

(Jean-Claude Brialy.)

Meeerveilleuse Jeanne, tu es tellement merveilleuse, tout ce qui t'arrive c'est tellement magnifique, tu es magnifique dans *Les Rois maudits*, on apprend des tas de choses : on apprend qu'au temps de Philippe le Bel, la chirurgie esthétique existait déjà. Et surtout tu es merveilleuse au côté de Philippe Torreton qui est aussi mauvais comédien que sa femme est mauvaise journaliste. Et puis je suis tellement heureux parce que nous allons remonter sur les planches avec Jeanne, nous allons faire du théâtre.

(Jeanne Moreau.)

Oui du théâââtre. Le théâtre c'est la vie.

(Jean-Claude Brialy.)

Oui, merveilleuse Jeanne. Nous allons jouer *Roméo et Juliette*. Je serai Roméo...

(Jeanne Moreau.)

Et moi ?

(Jean-Claude Brialy.)

Toi, Jeanne, tu seras une incomparable Juliette. Et au moment de la scène du balcon, ne t'inquiète pas, Jeanne, il y aura un palan pour te monter...

(Jeanne Moreau.)

Merci quand même.

(Jean-Claude Brialy.)

Tu déclameras cette phrase qui ta rendue célèbre dans E-T, Jeanne...

(Jeanne Moreau.)

Quoi ?

(Jean-Claude Brialy.)

Fais-nous E-T au balcon !

(Jeanne Moreau.)

Maiiison balcon ! Maison balcon maison !

(Jean-Claude Brialy.)

Meeeerveilleuse Jeanne, tu es la fierté de notre profession.

(Thierry Ardisson.)

Eh bien merci aux duettistes ! Merci aux deux salopes qui se trémoussent ! Merci au disc-jockey idiot ! Merci *(il renifle)* à mon fournisseur. On ne se tripote pas pendant le jingle !

(Noir.)

© Guirec Coadic

On a tout essayé

(Voix de Laurent Ruquier.)

On a tout essayé avec ce soir Claude Sarraute, notre mémé-nopausée, et quand Sarraute ça pète aussi ! Ha, ha, ha ! Celui qui a tout volé à Jacques Legras : Dan Bolander. Celle qui a tout volé à Gisèle Halimi : Isabelle Alonso, la chienne de garde qu'on aurait dû faire piquer depuis longtemps. Isabelle Alonso, euh Alonso-gogue-nots ! Ha, ha, ha ! Christine Bravo, l'alcoolique qui n'est plus anonyme. Steevie, Steevie l'intellectuel du *Loft* avec son string, sa plume dans le cul et son cerveau en option. Et Gérard Miller, la pelle à merde des divans, le psy à deux balles, qui voulait poser une question.

Allez-y, Gérard, posez votre question : ici on est payés à rien foutre, on parle pour rien dire, c'est un vrai salon de coiffure, chacun donne son avis, alors allez-y, donnez le vôtre, Gérard...

(Voix de Gérard Miller.)

Oui, je vais poser une question de psychanalyse car je suis un grand psychanalyste, je voulais demander à Steevie, Steevie Boulay. Boulay : le nom est révélateur en psychanalyse. J'voulais demander à Steevie s'il avait couché plus longtemps avec sa maman ou avec sa peluche Bourriquet et si finalement quand il couche avec sa peluche Bourriquet il a pas l'impression un petit peu de tripoter Claude Sarraute...

(Laurent Ruquier.)

Ha, ha, ha ! Gérard ! On a tout essayé, mais on n'a pas osé essayer Claude Sarraute, la date de fraîcheur était dépassée...

(Noir.)

Renaud : « Mister Miller »

(Sur l'air de Madame Thatcher.*)*

Chaînes publiques ou TF1 qui bien souvent êtes les mêmes,
Chaînes payantes qui ne valent plus rien, vous êtes l'objet de ma haine.
C'est à cette télé poubelle que je dédie ces quelques vers,
Manière de foutre un peu l'bordel et d'exorciser ma colère,
Car dans toute cette médiocrité on a pas trouvé plus vulgaire,
Plus dégueulasse, plus taré, à part bien sûr Gérard Miller.

J'ai la haine parce que je vois des boutonneux idiots,
Staracademisés merdeux qui viennent me gâcher l'apéro,
Le téléspectateur puissant peut appeler pour les exclure,
En dénonçant comme dans le temps, le bon temps d'la Kommandantur.

Car cette télé de délateur où on pourrait tuer son frère,
Moi ça me donne des haut-le-cœur comme quand je vois Gérard Miller.

Malheureusement c'est pas demain qu'on va relever le niveau,
En flattant tous les bas instincts pour bien épater les blaireaux,
Quand dans On a tout essayé *chacun vient donner son avis,*
Une chienne de garde, une mémé, un écolo et même Steevie,
Oui, mais dans la bande de Ruquier, faite de ringards et de rombières,
Y en a un au-dessus du panier, le prétentieux Gérard Miller.

J'ai la haine, surtout enfin, de payer ma redevance,
Pour des animateurs crétins qui ont le QI de Miss France.
Quand arrivera l'heure dernière, la télé sera peuplée de crétins,
Jouant au foot ou à la guerre à celui qui pisse le plus loin.
Moi je veux revenir en chien, si je peux rester sur la terre,
Et comme réverbère quotidien je m'offrirais Gérard Miller.

(Noir.)

Le Doigt dans le cul

Patrick Sébastien

Rassurons-nous, le service public ce n'est pas que cela. Parmis les rois du divertissement que nous a donnés le petit écran, retrouvons le plus raffiné d'entre tous, le subtil et très distingué Patrick Sébastien.

(Musique de fête.)

Ouais c'est chaud ! C'est chaud ! Ouais c'est la fête ! C'est la fête, on va faire la fête !

Il va y avoir des paillettes, il va y avoir des arcs-en-ciel, il va y avoir, il va y avoir des numéros visuels incroyables et puis allez, j'vais encore me faire taper sur les doigts, mais, mais c'est pas grave parce qu'une certaine presse bien-pensante trouve que mes émissions c'est pas bien, c'est pas bien d'faire la fête, de s'amuser parce que c'est pas grave mais j'ai toujours dit que c'est... C'est l'amour ! L'amour qui guide ma vie !

D'ailleurs j'ai écrit une chanson là-dessus. Une chanson toute bête, toute simple, juste pour qu'on oublie un peu un peu ses problèmes, qu'on se lâche un peu, qu'on revienne à des valeurs essentielles : l'amour, la tendresse. Ça s'appelle : *Le Doigt dans le cul.*

L'idée m'est venue grâce à quelqu'un qui représente bien ces valeurs d'amour, quelqu'un qu'est un vrai, qu'est un pur, parce que moi j'aime les purs, j'aime pas les faux culs, j'aime les gens qui ont une âme et, étrangement, vous allez voir, c'est une marionnette. Une marionnette pleine d'amour et moi j'l'adore. Je sais qu'vous l'adorez c'est Tatayé. Alors le temps de l'enfiler... Ça fait pas mal, Tatayé, et il est là : « Monsieur » Tatayé !

(Il revient avec une marionnette Tatayé de ventriloque.)

- Bonjour Tatayé.

- Bonjour.

- Ça va Tatayé ?

- J't'en pose des questions ?

- Il est con, c'Tatayé. Dis-moi, dis-moi, Tatayé pourquoi tu parles comme ça, pourquoi t'as une voix aussi aiguë ?

- Parce que tu m'fous un doigt dans l'cul !

- Tu sais tu sais qu'on est sur l'service public, hein ? On n'a pas l'droit d'dire des gros mots.

- N'empêche que j'sens ton doigt dans l'c...

- C'est bon Tatayé ! Dis-moi Tatayé, comme t'es une marionnette pleine d'amour...

- C'est quoi l'amour ?

- L'amour c'est...

- Ah oui je sais c'est : « Gna gna gna, ah, ah salope tu la sens, tu la sens ? Ah Ah Ah Ah ! »

- Ha, ha ! Non pas tout à fait.

- Non mais j'tai vu cochon, dans tes boîtes à partouze !

- Non l'amour c'est...

- C'est quoi alors ?

- L'amour c'est... C'est beaucoup plus pur, beaucoup plus beaucoup plus subtil. Déjà l'amour, c'est l'échange... isme. L'amour, c'est c'que j'vais vous chanter avec le grand orchestre. Et ça s'appelle : *Le Doigt dans l'cul* ! Et c'est parti !

(Musique.)

Ouais ! Ouais ! Ouais ! Ouais !

C'est la fête à ma bite,
On est parti pour s'prendre une cuite,
On boit comme des veaux
Et on dégueule dans l'caniveau

Tout le monde dégueule dans l'caniveau, ouais ! C'est la fête !!!

On va faire la fête, bois ta canette, touche ta belette,
Et si y en a plus
On s'mettra un doigt dans l'cul !

Allez tout l'monde, un doigt dans l'cul ! C'est la fête !

Ce soir c'est la fête
Et tout l'monde fait la brouette
On s'fout d'être jugés
On est là pour s'amuser.
La vie est trop courte
Alors on sort sa biroute

Tout le monde sort sa biroute ! Ouais ! C'est la fête !
On descend dans la rue,
Et on s'met tous un doigt dans l'cul !

Ouais ! Ouais !
Ma chanson est débile
Mais je n'me fais pas de bile,
Je m'fous des critiques
Du moment que j'ai la trique.
Ma philosophie
C'est d'aimer cette putain d'vie
Et j'l'aime d'autant plus
Quand on s'fout un doigt dans l'cul.
Et on fait tourner l'annulaire
En s'mettant un doigt dans l'derrière
Dans l'cul !
C'est la fête !

La semaine télé

Cette semaine, sur France Télévision, vous n'allez encore pas regretter votre redevance. Dimanche, Michel Drucker reçoit pour la énième fois Guy Bedos.

(Voix de Michel Drucker.)

Bon dimanche chers amis, mon invité de ce dimanche, il est magnifique, il a un parcours étonnant, c'est le plus doué de sa génération, c'est le plus grand. Il a une réchauffante en matière plastique, en plus Olga l'adore. Guy Bedos ! Salut, Guy.

(Voix de Guy Bedos.)

Ahahaha, Ooh ! Oh, oh j'lui dis la droite, la gauche : tout ça c'est des cons !

Ah, que je suis drôle, que je suis spirituel !

(Il touche ses cheveux.)

Ouh-là, ça se décolle ! Euh, non parce que je j'suis, j'suis, j'suis pas, j'regarde l'actualité. J'ai vu là, au gouvernement, on a Michèle Alliot-Marie : MAM. Ah Michèle Alliot-Marie ! Moi ; à la défense, j'aurai mis Régine ! Comme bouclier humain.

Ah, les salooopes, les salopes !

(Michel Drucker.)

Merci Guy quel tact, quel sketch, quelle carrière. La semaine prochaine nous recevrons Renaud Donnedieu de Vabres, et Yves Duteil viendra chanter une chanson, comme quoi un malheur n'arrive jamais seul. Bon dimanche.

(Noir.)

Lundi : toute la journée tennis à Rolland-Garros avec Jean-Paul Lot.

(Voix de Jean-Paul Lot.)

Bienvenue sur ce central de Rolland-Garros alors que j'aperçois quelques nuages au-dessus du central et pourtant il fait beau... et en plus il fait chaud. Duuuu très grand tennis, avec une rencontre qui oppose la Russe Elena Turlutova à la Française Amélie Mauresmo qui pour l'occasion s'est fait faire le maillot.

Eh oui, mon cher Michel Drey, le tennis est un bien beau sport, c'est le seul dans lequel on peut voir une gougnotte tenir un manche.

(Noir.)

Mardi : *Casse-Pipe rue de la Pompe*, un Nestor Burma inédit avec Guy Marchand.

(Voix de Guy Marchand.)

Ah des putes, les salopes ! C'est vrai ça ! Drôles de p'tites salopes, maintenant ! Et alors rue d'la Pompe en plus ! J't'ai fait coffrer tout ça... C'est pas parce qu'on est rue de la Pompe qu'on va jouer les filles du calvaire !

(Noir.)

Mercredi : *Ça se discute*. Jean Luc Delarue avec un grand débat d'actualité : l'obésité dans la société, drame ou réalité ?

(Musique de Ça se discute *– Voix de Jean-Luc Delarue.)*

Bonsoir à tous, merci d'accueillir nos invités, bienvenue sur ce plateau, bonsoir à tous, merci.

Bonsoir, vous vous appelez Berthe, vous habitez un pavillon en banlieue-dortoir, vous avez six enfants dont une fille prostituée et un fils homosexuel, les quatre autres se droguent. De plus votre mari est alcoolique. Vous avez avoué – et c'est courageux – vous avez avoué qu'il vous battait. En 1996, vous avez été renversée par un camion de lait. Depuis, défigurée, brûlée au troisième degré, vous pesez 120 kilos, à la piscine on vous appelle « Il faut sauver Willy ».

Est-ce que vous avez peur du regard des autres ?

(Noir.)

Jeudi : *100 minutes pour convaincre*. L'émission politique reçoit Philippe de Villiers.

(Voix de Philippe de Villiers.)

Je dis sus à l'Europe, non au traité européen et non à la Turquie dans l'Europe. Pourquoi ? Pourquoi la Turquie ne doit pas faire partie de l'Europe ? Comment voulez-vous faire confiance à un peuple qu'a pas été foutu d'inventer des cabinets dans lesquels on peut faire ses mots croisés confortablement ?

(Noir.)

Vendredi : George Pernoud vient faire ses pâtés de sable dans *Thalassa*.

(Voix de Georges Pernoud.)

La crevette d'Alaska, c'est vendredi dans *Thalassa*. Et vendredi prochain, tout sur la morue et la raie avec Mme de Fontenay.

(Noir.)

Et samedi : retour de Michel Drucker, avec une grande émission de variétés, *Champs-Élysées*. Un *Champs-Élysées* spécial cassoulet avec Francis Cabrel.

(Voix de Michel Drucker.)

Bonsoir chers amis, bienvenue à *Champs-Élysées*...

Un *Champs-Élysées* varié avec Mme de Fontenay qui nous présente son nouvel élevage de dindes... Elles sont magnifiques.

Mireille Mathieu accompagnée des petits chanteurs à la pine de bois et notre invité d'honneur. Il est magnifique, il a un parcours étonnant, c'est Francis Cabrel, qui nous vient de son Sud-Ouest natal avec son accent qui flaire bon le cassoulet... Francis Cabrel !

Son nouvel album est magnifique... Quels sont les thèmes de tes chansons ?

(Voix de Francis Cabrel.)

En fait, les caâilloux, les pierres, les gaâlets, les roches, le graâvier dans la rivière, je suis un chanteur minéral...

(Drucker.)

C'est magnifique ! Tu as oublié le sable...

(Cabrel.)

J'en parle dans ma chanson *Le Sâble sous les gaâlets* : le saâble de la plaâge quand on en a plein la raie...

(Drucker.)

C'est magnifique. Quelle poésie ! Mais tu traites aussi de sujets de société ?

(Cabrel.)

C'est vrai je chante aussi les aârbres, les feuilles, les branches, les chênes, le gland... Le bois en général, la bûche qui crépite dans l'âtre, la poussière sur les murs, les toiles d'araignée dans les coins, les ruisseaux qui coulent, les daâmes aussi... les daâmes qu'on pine sous les arbres avec son gland, le long des ruisseaux qui coulent, avec du sable dans la raie, tout près de ma cabane au fond du jardin...

(Drucker.)

Alors justement on va écouter la nouvelle version turque de *La Cabane au fond du jardin...*

(Voix de Françis Cabrel.)

Ma cabane au fond du jardin,
Elle soulage bien des besoins,
Pour la gastro-entérite,
Tout le monde s'y précipite,

Y a plein de gros cailloux,
Pour essuyer les cacas mous,
Y a même du journal déchiré,
Accroché aux clous rouillés.

C'est le bonheur des colombins,
Ma cabane au fond du jardin.

Ce petit couplet pour nos amis turcs, qui ont inventé les vécés à la turque et qui ont du mal à rentrer dans l'Europe.

Ma cabane au bord du Bosphore,
Devant y a écrit poussez fort.
Mais c'est vraiment pas pratique
Surtout en cas de colique,
Pas facile de s'accroupir
Sans que vous arrive le pire.
On peut glisser dans le trou
Et là on s'en fout partout.

Non ils sont vraiment pas très cool,
Les chiottes à la turque d'Istanbul.
Moi je préfère, et de loin
Ma cabane au fond du jardin.

(Noir.)

L'indétrônable Johnny

Finalement au cours de ce demi-siècle de télévision riche en événement, un seul artiste à su traverser toutes les modes, toutes les émissions. L'indétrônable Johnny Halliday.

(Musique rock. Entrée sur un chariot élévateur.)

Eeeuuuh bonjour, c'est Johnny.

C'est vrai que depuis mes débuts, quand j'ai commencé à mon débutement, eh bien je me suis servi de la télé du petit écran.

À l'époque, y avait qu'une seule chaîne. Y avait qu'un seul bûton, il fallait tourner le bûton pour « allumer la télé ». Y avait qu'une seule chaîne et elle était en noir et blanc, c'est pour ça que je chantais *Noir c'est noir*.

Puis après la télé est passée en cûleur, pas enculeur de mouche, en cûleur tout court. Avec des nouveaux tubes catholiques.

D'ailleurs maintenant ça a tellement évolué que c'est des écrans plasma...

Alors il faut bien donner son sang, euh, à la Croix-Rûge, pour pouvoir construire plein d'écrans avec du plasma.

Mais revenons à nos mûtons, moi aussi dans les années 70 des seventies, j'avais un tube catholique. Je chantais *Jésus-Christ est un hippie*. Hippie c'était comme ça, hippie fallait rien m'dire, hippie merde.

C'était l'époque où je faisais l'émission des Carpentiers *Si j'étais un Carpentier*. Aha ! J'avais des tas de saloperies autour du cû, car c'était une période peace and love. Ce qui veut pas dire « Va aux toilettes et fait l'amûr », pisse and love... Mais moi à l'époque mon hymne à l'amûr c'était, souvenez-vous :

*(Musique d'*Essayez.*)*

Oh quand vos parents vous quitteront,

Ils vous diront :

Faut essayer de vous aimer

À votre tour de réussir,

Tout ce que nous avons gâché.

Avons raté,

Essayez.

J'ai essayé mais j'y suis pas forcément arrivé.

Ouais, parce qu'il faut vous dire que dans la vie je suis passé par tous les styles : le twist, euh, le rock and roll, euh le blues, euh Optic 2000.

Euh, avec cette publicité qu'vous avez sûrement tous vue avec ma femme Latiatia, à la fin du spot de publicité, je dis cette phrase qui restera sûrement dans les sphincters... Ouais dans les annales, j'confonds toujours. Je dis : « Bravo Laetitia, c'était super. Wooptic 2000 ! »

Et encore vous avez échappé à beaucoup de réclames que j'ai refusées en publicité. J'ai refusé Chavrû, Cochonû de Justin Bridû. Et le pire auquel vous ayez échappé c'est : « On à tous quelque chose en nous de Vache qui rit. » Parce que c'est pas trop rock and roll. Et un rockeur comme moi il ne doit pas trop se disparsugaspersu, dis... dix pour cent, c'est pas beaucoup, disasperospis, disp... Wooh ! Il doit pas faire trop de conneries.

Euh en tout cas ben moi si vous voulez en c'moment mon problème qui n'en est pas un, d'ailleurs, parce que pour moi maintenant la vie est belge... Mon problème c'est d'adapter tout mon répertoire à la Belgique. Ouais c'est pas évident :

« Quoi ma gueule, une fois », ça change tout le rythme de la chanson.

Et j'vous dis pas pour la publicité : « Belgique 2000 ! »

Enfin vous savez, même si je suis devenu belge, et puis Suisse, je suis toujours resté au bon vieux temps du rock and roll :

*(Musique d'*Au bon vieux temps du rock and roll.*)*

J'en ai assez d'entendre à la radio,
Les mêmes sons et les mêmes tempos
Il faudrait que le musique s'affole,
Tout comme au bon vieux temps du rock and roll.

J'ai une indigestion de disco,
Et tous ces rappeurs qui me tapent sur les nerfs,
Et la techno j'en ai vraiment ras le bol,
Je préfère le bon temps du rock and roll.

Je préfère le bon temps du rock and roll.
C'est la seule musique qui s'affole,
Depuis toujours entre nous deux ça colle,
Tout comme au bon vieux temps du...
Waouw ! rock and roll !

Vous êtes formidables !

C'est vrai que depuis le temps du rock and roll jusqu'à maintenant, ben finalement vous avez pu suivre toute ma vie grâce à la télévision. Parce que des caméras m'ont suivi partout. J'ai fait le tûr du monde.

Maintenant j'hésite un peu à cause de la chicungunia. D'ailleurs, j'ai même peur d'aller à la réunion des copropriétaires. Des fois qu'il y ait un mûstique. Y a ça, puis y a aussi la grippe aviaire. Ça, ça m'fait peur parce que ce matin j'ai retrouvé un pûlet voyageur mort dans ma pelûse. Et je m'suis dit, tiens ça c'est un cygne. D'ailleurs j'ai même peur d'aller au cabinet, parce que en m'asseyant sur la cuvette j'ai peur d'attraper la grippe aviaire à cause du canard WC.

Enfin bon, euh bon pour vous dire que c'est vrai que j'ai beaucoup voyagé, c'est vrai que... J'ai chanté aux USA des États-Unis d'Amérique, j'ai chanté à Nashville, j'ai chanté à Vegas, J'ai chanté à Cappella. Ah non, ça c'était en Italie.

Un jour j'ai même chanté à Phone... J'étais drôlement emmerdé ce jour-là parce que j'avais plus de voix, quand j'étais aphone... Mais j'ai dit : « Je chante quand même pour tous les gens de Phone qui sont venus ! » Mais on m'a dit : « Tu peux pas chanter si t'as pas d'voix, à moins de t'appeler Benjamin Biolay. »

Aha ! Tiens, prends ça aussi, toi.

Euh en France aussi j'ai chanté partout, j'ai chanté à Tours, j'ai chanté à Nantes. Une nuit j'ai fait une Tours-Nantes. En une nuit, hein ?

J'ai chanté en duo, j'ai chanté en trio, j'ai chanté en moto. J'ai tout fait. Et récemment j'ai participé à une chanson de grûpe. Un grûpe de plusieurs. Pour être solidaires avec la solidarité de l'Asie du Sud-Est.

Vous voyez où c'est hein ? Euh, l'Asie du Sud-Est, quoi.

Bon. Prenez une carte. Vous voyez Aix-en-Provence ? Bon, ben c'est dans l'sud-est. Eh bien de l'autre côté, en Asie, y a aussi un Sud-Est. Qui n'a rien à voir d'ailleurs avec Aix-en-Provence, vu que c'est en Asie. Du Sud-Est, d'ailleurs... Parce que j'ai été bouleversé par le tiramisu qui a dévasté l'Asie du Sud-Est. Tout ça pour vous dire que même si j'suis allé un p'tit peu partout dans l'monde, je fais le tour du monde ce soir devant vû, mais j'ai envie de m'arrêter là.

*(Musique d'*Arrêter là.*)*

SALUT.

Columbo

Lieutenant Columbo, brigade criminelle, m'sieurs-dames.

Vous croyez vous en sortir comme ça, m'sieurs-dames ? L'enquête n'est pas terminée.

Non, y a encore quelques petits détails qui m'chiffonnent, vous voyez, parce que pour faire fonctionner cet appareil diabolique qu'est la télévision, il faut des complices, m'sieurs-dames, et les complices ils sont là dans la salle. Parce que pour faire fonctionner une télévision il faut d'la lumière...

Le coupable de la lumière : Gérard Pernet.

Sans compter que pour donner à manger à tous ces ânes qui sont là-dedans, il faut du son. Le coupable du son, Frank Perrot, ainsi que Clément.

Y a aussi du monde en coulisses, comme Freddy Dieng. Moi aussi j'ai quelqu'un qui m'a aidé dans cette enquête, c'est mon vieux complice Jean-Jacques Peroni. Et au piano, celui qui connaît la musique, David Mignot.

Y a encore un p'tit détail qui m'chiffonne, vous voyez... Parce que vous êtes tous coupables, vous êtes tous coupables parce que au moins une fois dans votre vie vous avez regardé ces bêtises que nous venons d'évoquer.

Le laboratoire – en tout cas les instituts de sondage – le prouve : vous passez beaucoup de temps devant la télévision.

Ma femme me dit tout le temps que je passe trop de temps devant la télévision, la vôtre aussi ?

Seulement ce soir vous avez tous un alibi, vous avez pas pu regarder toutes ces bêtises parce que vous étiez là.

Ah ! J'oubliais : merci, m'sieurs-dames.

Achevé d'imprimer sur les presses
de l'imprimerie LEGO en août 2008, Italie.